OLiver HEiDER

SPORT
VERLAG

D1668884

Norbert Gisder

Berlin rund
Zwischen Unterhavel und Krossinsee

Ein Buch der Bezirksredaktion
der Berliner Morgenpost
(ausgezeichnet mit deutschen
Lokaljournalistenpreisen der
Konrad-Adenauer-Stiftung 1992,
1994 und 1995)

Sportverlag Berlin

Die Autoren

Norbert Gisder

Constanze von Blomberg

Barbara Dötsch

Julia Haak

Rainer Hein

Honza Klein

Joachim A. Steinbach

Ute Schirmack

Frank Diering

Holger Schwill

Linda Paczkowski

Simone Jacobius

Rüdiger Winter

Helmut Herold

Mathias Stengel

Peter Oldenburger

Timm Kröger

Tom Linzer

Mechthild Hahne

Andreas Abel

Die Deutsche Bibliothek – CIP-Einheitsaufnahme
Berlin rund: zwischen Unterhavel und Kossinsee: [ein
Wasserwanderführer] / Norbert Gisder (Hrsg.). – Berlin: Sportverl., 1997
ISBN 3-328-00718-0
NE: Gisder, Norbert [Hrsg.]

ISBN 3-328-00718-0
© 1997 by Sport und Gesundheit Verlag GmbH

Die Verwendung der Texte und Bilder, auch auszugsweise, ist ohne
Zustimmung des Verlages urheberrechtswidrig und strafbar. Dies gilt auch
für Vervielfältigungen, Übersetzungen, Mikroverfilmungen und
Verarbeitungen mit elektronischen Systemen.

Umschlaggestaltung: Volkmar Schwengle/Buch und Werbung
Titelfotos: N. Gisder
Fotos: N. Gisder (28), J. A. Steinbach (25), F. von Kessel (3), B. Dötsch (1),
H. Klein (1), Jacobius (2), Bienert (1), Boldt (1), Hiss (1), Ihlow (1), Jost (1),
Kasperski (1), Klöckner (1), Lehnartz (1), Mader (1), Schnürer (1)
Graphiken: Kira Enz, Manuela Ferchel, David Hiepler, Birgit Kentler, Petra
Rurainski, Anette Schamuhn
Satz und Repro: LVD GmbH, Berlin
Druck und Bindung: Neue Stallung, Oldenburg
Printed in Germany 1997

Gedruckt auf alterungsbeständigem Papier
mit chlorfrei gebleichtem Zellstoff

Inhaltsverzeichnis

_____

Specials

Wasserhauptstadt Berlin

Man kann die deutsche Hauptstadt vom Land bereisen – und sich dabei gut fühlen, auch beeindruckt sein. Vom Wasser gesehen, stellt sich das Berliner Stadtgefüge in den City-bezirken als Stein, Glas, Chrom und Marmor gewordenes Lebensgefühl dar: Der Wassertourist, ebenso wie der Routinier der Kanäle, der Schiffer, kann nicht anders, als hinter jeder Flußbiegung zu staunen – egal, ob er die Stadt kennt, zu kennen glaubt oder wirklich erstmals anreist.

An fast jedem Abschnitt, hinter jeder Flußbiegung in der Mitte Berlins wird man Zeuge der vielschichtigen Entwicklung Berlins: von den historischen Anfängen hin zur heutigen Gestaltung dieses Molochs, dessen schönste Facetten – bisher! – verborgen geblieben sind.

Berlin wurde aus dem Kahn gebaut. Die Arterien, Havel und Spree, lieferten die Güter, mit denen der Berufsstand der Schiffer eine Millionenmetropole großgezogen hat. Berlin, zumindest der Charme, den die Stadt vom Wasser her ausstrahlt, könnte aus dem Kahn heraus auch beschädigt werden: Durch den im Verkehrsprojekt 17 geplanten Ausbau von Spree und Havel könnte die Schönheit dieser noch weitgehend naturbelassenen Arterien durch Umformung in Wasserautobahnen verlorengehen. Deren Wert würde dann – ohne Rücksicht auf den Verlust jeglicher Idylle – nur noch an der Aufnahmefähigkeit von Schiffen mit Europaformat festgemacht.

Wer die noch unzerstörte Ursprünglichkeit der Kapitale kennenlernen will, die gerade auch vom Wasser aus Kapitale ist, dem bieten sich wunderschöne Möglichkeiten für Törns – ob durch die Innenstadt oder Berlins weites Umland.

Berlin vom Wasser: Von etwa 10 000 Kilometern Wasserwanderwegen durch Berlin, Brandenburg und die Mecklenburgische Seenplatte führen einige hundert Kilometer direkt durch die Hauptstadt. Große, weite Seen werden durch Spree und Havel gebildet, wiederum verbunden durch schmale, idyllische Kanäle, vielbefahrene Wasserautobahnen und eiszeitliche Fließe.

Übrigens: Allein Brandenburg hat 750 Quadratkilometer Wasserfläche. 3087 Seen und 26 800 Kilometer Wasserläufe durchziehen den Flächenstaat.

Das ist natürlich mehr, als man in einem Buch schildern kann. Deshalb haben wir besonders viel Wert auf Service gelegt: Viel Spaß! Wenn Sie Anregungen haben und uns anschließend Ihre Erfahrungen berichten möchten, die uns helfen, eventuelle Lücken in unseren Erzählungen zu schließen, so zögern Sie bitte nicht. Ihre Ideen sind unser Futter für zukünftige Geschichten aus der Wasserhauptstadt Berlin.

Für die Autoren
Ihr

Norbert Gisder

Ein Törn rund um die Hauptstadt

Sie haben die Wahl: Wenn Sie das Wasser lieben, können Sie Urlaub an der See machen oder Kanaltouren durch Frankreich buchen. Sie können aber auch übers Wasser durch Berlin, die deutsche Hauptstadt, schippern – von Köpenick bis Tegel, durch die Hinterhöfe von Kreuzberg, Mitte und Tiergarten ziehen oder über die Weiten von Ober- und Unterhavel zwischen Zehlendorf, Spandau und Wilmersdorf. Selbst gute Kenner des lokalen Kolorits wird Berlin, vom Wasser aus erlebt, so exotisch anmuten wie ein Segeltörn zwischen den Inseln der Kleinen Antillen, so aufregend wie eine Tour durch die Dänische Südsee um Fünen. Constanze von Blomberg mit Skipper Friedrich von Kessel auf der H-Jolle »Dorado« und Norbert Gisder auf dem Jollenkreuzer »Con Brio« haben die Tour gemacht. Mit ihren Segelschiffen begleiteten sie den Wassertouristen Holger Hanson auf seiner Luxus-Motoryacht »Danaé« des holländischen Edel-Schiffbauers Linssen.

Es ist ein Montag im Juni. Der Asphalt auf den Straßen Berlins flimmert, die Luft steht, der Verkehr bewegt sich nicht von der Stelle. Kein Windhauch weht durch die Straßenschluchten der Hauptstadt. Das Thermometer zeigt 30 Grad im Schatten. Es ist Mittag, und Berlin erstickt im Stau. Bloß weg hier, ist der Gedanke, der uns aufs Wasser treibt, ab aufs Boot. Das zweite Gesicht der Stadt ergründen, heißt unser Ziel.

Wir sind eine Flotte, wie sie unterschiedlicher kaum sein kann: Die 6,20 Meter lange H-Jolle »Dorado«, Baujahr 1954, ist ein Liebhaberstück aus Mahagoni, eine offene Jolle ohne

Millionenmetropole
Berlin – zugleich eine
Metropole der über-
raschenden Blickwinkel:
Möwe auf einem Dalben
im Morgennebel der
Havel.

Hafenschuppen des Wassersportclubs Wildau – an der Dahme nahe der Schleuse Neue Mühle gelegen – idealer Ausgangspunkt für Wanderungen in den Südosten.

Kajüte. Vor vier Jahren wurde sie nach vierzigjährigem »Schlaf« aus einem Bootsschuppen befreit. Der 6,50 Meter lange Jollenkreuzer »Con Brio« Baujahr 1962, ist ungleich komfortabler: Kajüte, zwei Kojen, Außenbordmotor. Dritter im Bunde ist die nagelneue 14-Meter-Linssen-Motoryacht »Danaé« – außen Stahl, innen holzveredelt, mit je zwei Schlaf- und Badezimmern, Küche und Salon im Stil einer Hotellobby.

So unterschiedlich wie das Bootstrio sind auch die Ausstattungen an Bord: Die H-Jolle hat neben Schlafsäcken und Isomatten das ganze Tütensuppensortiment aus dem Supermarkt verstaut. An Deck der Linssen-Yacht werden Drinks aus der gekühlten Bordbar gereicht.

Wir starten mit einer Sechs-Mann-Crew am Yachtclub Wendenschloß in Köpenick (in der Kartenskizze auf der vorderen Umschlagklappe mit einem roten Kreuz markiert). Fünf von uns sind see- und hochseerfahren.

Berlin rund – unsere Tour soll uns um die Hauptstadt Berlin

und um die brandenburgische Hauptstadt Potsdam führen: Dahme und Spree aufwärts, über Spandau in die Tegeler Seen, retour zur Havel, Strom abwärts zum Jungfernsee, weiter durch den Sacrow-Paretzer Kanal in die Potsdamer Havel und von dort in die Potsdamer Gewässer. Nach diesem Abstecher ist der Rückweg über Teltowkanal und Spree in die Dahme bis zum WCW, dem Wassersportclub Wildau geplant. Die ehemalige Betriebssportgemeinschaft der Schwermaschinenbauer »Heinrich Rau« liegt an der Dahme zwischen Zeuthen und Königs Wusterhausen im Süden Berlins. Auf geht's – zunächst durch **Köpenick**. Im Südosten der Hauptstadt gelegen, ist Köpenick der flächengrößte unter den 23 Berliner Verwaltungsbezirken.

Köpenick – Zahlen und Fakten

- Gesamtfläche: 12 735 km^2
- Waldfläche: 63,5 km^2
- Wasserfläche: 20 km^2
- Einwohner: knapp 108 900
- Die höchste Erhebung ist der Müggelberg. 115 m hoch, erlaubt er eine Fernsicht bis zu 50 Kilometern.

Das schönste aber: Rund um Müggelberge und Müggelturm kann man eine atemberaubende innerstädtische Naturlandschaft genießen.
Der Große Müggelsee ist der größte See Berlins. Von dort aus kommt man über Kleinen Müggelsee und Müggelspree nach Neu-Venedig. Zur anderen Seite fährt man durch die Spree in die Dahme, auf den Langen See und auf den Seddinsee, eine beliebte Regattastrecke für Segler.

An beiden Flußufern von Dahme und Spree läßt sich reizvolle Wohn- und Industriearchitektur aus Jahrhundertwende und Gründerzeit bewundern. Daneben entstehen moderne Bauten, deren Designer sichtlich um Einhaltung des Stils bemüht sind.
Noch ist die Kulisse lückenhaft. Das von Baugerüsten um-

stellte **Schloß Köpenick** und die Baustelle der Langen Brücke veranschaulichen den Zustand eines ganzen Bezirks: Köpenick arbeitet an seiner historischen Substanz. Städteplaner versuchen, das Vorhandene, in Jahrhunderten Gewachsene, das aus zwei Weltkriegen und vierzig Jahren Sozialismus Hinübergerettete zu erhalten, durch Modernes zu ergänzen und zu einem harmonischen, ganzheitlichen Bild zusammenzufügen.

Die unvollständige Kulisse des alten und des neuen Köpenick wird abgelöst vom Sanierungsfall **Oberschöneweide**. Fast endlos reiht sich Fabrikhalle an Fabrikhalle, Bauhof an Bauhof. Doch wo man Arbeiter im Blaumann und den Lärm rotierender Maschinen erwartet, herrscht Stille. Nirgends in den neuen Ländern sind auf so kleinem Raum so viele Industriearbeitsplätze abgebaut worden, nachdem Bundeskanzler Helmut Kohl über die zusammenstürzende Mauer hinweg blühende Landschaften versprochen hatte. Gespenstisch wirken die verlassenen Fabrikgebäude.

Großer Müggelsee, Kleiner Müggelsee mit Siedlungsgebiet Neu-Venedig (unten). Berlins Mitte ist keine 25 Kilometer Luftlinie entfernt, verschwindet im Dunst des Horizonts.

Schloß Köpenick an der Dahme aus der Vogelperspektive von Norden nach Süden fotografiert: beachtliche Kunstsammlungen – unbedingt besuchen.

Eine grüne Lunge findet sich gleich gegenüber: Der Treptower Park auf der westlichen Spreeseite ist für den, der von Süden kommt, der erste Hinweis auf die grüne Metropole Berlin.

Treptow – Zahlen und Fakten
- Der Landwehrkanal bildet die Nordgrenze des Bezirks.
- Wer kein eigenes Boot hat, kann vom Treptower Hafen aus mit der Stern und Kreis Schiffahrt über die Spree starten.

- Der Britzer Zweigkanal verbindet Neukölln quer durch Treptow mit der Spree und Lichtenberg.
- Treptow hat 107 000 Einwohner.
- Von Treptows 40,6 km² Gesamtfläche sind 6 km² Erholungsgebiete, darunter der Spreepark und der Treptower Park mit dem sowjetischen Ehrenmal, dem größten seiner Art in Deutschland.
- Der Bezirk besteht aus den Ortsteilen Treptow, Plänterwald, Baumschulenweg, Johannisthal, Niederschöneweide, Adlershof, Altglienicke und Bohnsdorf.
- Mit einer Länge von 12,9 Kilometern verläuft durch Treptow und einen Teil von Köpenick das Adlergestell – eine wichtige Ausfallstraße.
- Vom Anleger der Stern und Kreis Schiffahrt oder vom Gasthaus Zenner nahe der Insel der Jugend aus ist der Bezirk auch per Bus leicht zu erkunden.

Was Berlins City dem Wassertouristen bietet, ist so aufregend, so abwechslungsreich und atemberaubend, daß sich sogar der ortskundige Betrachter ständig um sich selbst dreht. Nur kein Detail verpassen!

Wir nähern uns der Innenstadt und der erst im August 1996 geräumten Wagenburg hinter der East-Side-Gallery in Friedrichshain. Tagsüber vom Wasser aus wirkte sie wie ausgestorben, so als sei dem Chaos aus Schrott und Müll das Regiment überlassen worden. Und doch lebten darin einige Dutzend fahrende Berliner, Rollheimer, wie sie sich selbst nannten. Für den, der per Boot nach Berlin reiste, markierte die Wagenburg fast zwei Jahre lang den Eintritt zur Innenstadt. Seit August 1996 sind die Wagenburgler nach mehreren Überfällen auf Touristen und Berliner anderorts untergebracht. Auch dieses Gelände harrt nun seiner Bebauung durch einen jener Millioneninvestoren, die die Spreemetropole zu Tausenden auf jede freie Fläche abklopfen.

*Die »Treptowers« an der Elsenbrücke wachsen zur neuen Sky-
line. Genau zwischen Elsen- und Oberbaumbrücke zweigt der
Landwehrkanal an der Lohmühleninsel ab in Richtung Urbanhafen – dort ist eine der wenigen Anlegemöglichkeiten für Sportboote in der Stadtmitte.*

*Die Oberbaumbrücke verbindet die Bezirke Kreuzberg und
Friedrichshain. Die DDR hatte das Bauwerk als Grenzübergangs-
stelle verschandelt.*

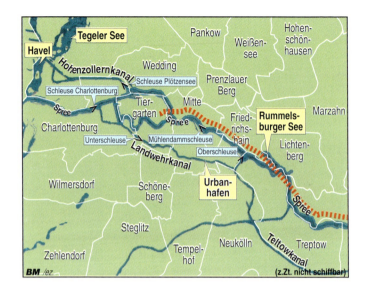

Friedrichshain – Zahlen und Fakten

- Nur an der südlichen Grenze flankiert den Bezirk die Spree mit dem Osthafen bis zum Kratzbruch, einer Insel im Rummelsburger See.
- Die Geschichte Friedrichshains läßt sich bis ins Jahr 1348 zurückverfolgen.
- Friedrichshain ist mit 9,8 km^2 der flächenmäßig kleinste Bezirk Berlins.
- Er gehört mit rund 107 000 Einwohnern zu den besonders dicht besiedelten City-Bezirken.
- Der Volkspark Friedrichshain ist mit 42 Hektar eine der größten Grünanlagen der Innenstadt. Diesem Hain verdankt der Stadtbezirk auch seinen Namen.
- Wahrzeichen: Märchenbrunnen (1913) von Ludwig Hoffmann.
- Es gibt ca. 67 000 Wohnungen und 5200 Gewerbeeinheiten.
- Im Krieg wurde Friedrichshain zu 80 Prozent zerstört.

Auf der anderen Seite der Spree liegt der Bezirk **Kreuzberg**. Dort sollte sich jeder Berliner Wasserwanderer mindestens einen Tag – und ganz sicher auch eine Nacht lang – herumtreiben. Anlegen kann man im **Urbanhafen**, den man über einen Abzweig der Spree bei Kilometer 21 über den **Landwehrkanal** erreicht. Dieser zieht sich von Kreuzberg quer durch Tiergarten bis nach Charlottenburg.

Für den Wassertouristen bietet der Urbanhafen eine der wenigen Möglichkeiten, im Innenstadtbereich einigermaßen sicher und komfortabel anzulegen. An einem gekennzeichneten Abschnitt am Nordufer dürfen Boote für 24 Stunden festmachen.

Nördlich vom Urbanhafen liegt die **Barmeile Oranienstraße** (15 Minuten Fußweg). Biergärten und Berlins beste Brathähnchen – ein echter Genuß nicht nur nach einem langen Tag auf eigenem Kiel – gibt's in der »Henne« (Leuschnerdamm 25). Südlich des Hafens findet man in der Bergmannstraße und am Marheinekeplatz (10 Minuten Fußweg) Restaurants und Kneipen, deren Besuch sich lohnt. Wer lieber im Hafen bleiben möchte, wird sich auf dem Restaurant-

Italienische Architektur überragt die Schöneberger Brücke über den Landwehrkanal: debis-Baustelle (Mercedes Benz) am Potsdamer Platz.

schiff »Van Loon« und seiner Barkasse »Josephine« (Zugang Carl-Herz-Ufer) wohl fühlen.

Und wenn Sie schon einmal dort sind, setzen Sie sich in den Bus oder die U-Bahn, fahren zur Kochstraße, schauen sich das historische **Berliner Zeitungsviertel** an. Dort, wo die Koch- auf die Wilhelmstraße trifft, liegt auch das Prinz-Albrecht-Gelände, der Sitz der ehemaligen Gestapo-Zentrale am Martin-Gropius-Bau in Kreuzberg. Bis Ende 1998 soll dort das **Dokumentations- und Begegnungszentrum »Topographie des Terrors«** als Neubau entstehen: ein schlichter, 120 Meter langer Gebäuderiegel.

Nach dem Entwurf des Schweizer Architekten Peter Zumthor war eine langgestreckte spartanische Ausstellungshalle geplant. Einziges gestaltendes Element: abwechselnd in gleicher Folge quer angeordnete, 26 Zentimeter breite Glas- und Betonstreifen.

Andreas Nachama, Direktor der Stiftung »Topographie des Terrors«, die 1992 vom Berliner Senat gegründet wurde, zu den Plänen: »Wir wollen transparent und für alle zugänglich sein.« Die zur 750-Jahr-Feier der Stadt entstandene Dokumentation »Topographie des Terrors« wird im Erdgeschoß ihren ständigen Platz haben.

Derzeit befindet sich die Ausstellung, die bis zum Sommer 1996 schon 1,2 Millionen Menschen besuchten, in einem provisorischen Flachbau an der Niederkirchnerstraße. Im zweiten Obergeschoß werden eine öffentliche Bibliothek und ein Vortragssaal untergebracht. Ganz oben wird die Stiftung ihre Büros einquartieren.

Bereits seit Wiedereröffnung des Martin-Gropius-Baus 1981 waren Forderungen nach einer würdigen Gestaltung laut geworden. Doch erst zur 750-Jahr-Feier hatte man das Gelände provisorisch hergerichtet.

Auf dem berüchtigten Prinz-Albrecht-Gelände waren seinerzeit die gefürchtetsten Terrorinstitutionen des »Dritten Reiches« ansässig: das Geheime Staatspolizeiamt, der Reichsführer-SS, der Sicherheitsdienst der SS und ab 1939 auch die Zentrale des Reichssicherheitshauptamtes.

Kreuzberg – Zahlen und Fakten

- Wie eine begleitende Hauptverkehrsader zieht sich der Landwehrkanal quer durch den Bezirk.
- Der 66 Meter hohe Kreuzberg mit Schinkels National-denkmal für die Befreiungskriege gab dem Bezirk den Namen.
- Knapp 157 000 Menschen wohnen im Bezirk.
- Mit 14 600 Einwohnern pro km^2 ist Kreuzberg der am dichtesten besiedelte Berliner Bezirk.
  Fast 48 000 (mehr als 30 Prozent) sind Ausländer, die meisten davon (über 60 Prozent) Türken.
- Die in den preußischen Farben Schwarz und Weiß ge-haltenen Hälften des Bezirkswappens symbolisieren die Kriegszerstörung (fast 50 Prozent), das Mauerwerk steht für den Wiederaufbau.

Das Herz Berlins, zumindest des alten Berlins jener Siedlung, die um 1237 erstmals urkundlich erwähnt wurde, schlägt im heutigen Bezirk **Mitte** auf einer Insel, die damals den Namen Cölln trug. Zwischen den beiden Spreearmen gelegen – ganz aquatisches Zentrum – schreibt die Cöllnische Insel ein Stück Schiffahrtsgeschichte.

> **Tip:** Am **Märkischen Ufer** und an der Spitze der **Fischerinsel** liegen die historischen Schiffe der »Berliner Schiff-fahrtsgesellschaft e.V.« vor Anker oder sind an den alten Kaimauern festgemacht: Maß- und Lastkähne, Fahrgast-schiffe, Dampf- und Motorschlepper. Kein echter Wasser-tourist wird an diesen schwimmenden Museumsstücken vorbeikommen.

Besagter Verein wurde 1990 gegründet. Die historischen Schiffe zu erhalten und durch schrittweisen Ausbau des »Historischen Hafens Berlin« für Nostalgiker zugänglich zu machen ist sein Ziel. Eigens dazu hat man eine Ausstellung zusammengetragen, die in einem der Lastkähne zu sehen ist. Hier wird deutlich, daß und wie »Berlin aus dem Kahn gebaut« worden ist: Aus Werder kamen die Äpfel und wurden direkt vom Schiff verkauft (Äppelkähne). Fischerboote versorgten die Märkte zu Zeiten, als es noch keine Handelsketten gab.

Tip: Zu erreichen ist der »Historische Hafen«
– von der Jannowitzbrücke, wo 1888 auch die erste Anlegestelle für Ausflugsdampfer entstand,
– von der U-Bahn-Station Märkisches Museum oder
– vom Nikolaiviertel über die Mühlendammbrücke (etwa 10 Minuten Fußweg).

Auch das gesamte Umfeld des Hafens erzählt von der »Gründerzeit« Berlins: Es gibt noch wunderschöne Bürgerhäuser am Märkischen Ufer (u. a. die berühmte Raabediele im Er-

Nikolaiviertel-Spreeforum und Fernsehturm am Alex vom Mühlendamm: Einblicke ins alte Berlin, 1237 erstmals urkundlich erwähnt.

melerhaus, in der auch der Maler Heinrich Zille Stammgast war). Hier stand der »Nußbaum«, der als Berlins ältestes Gasthaus im **Nikolaiviertel** nahe der Nikolaikirche originalgetreu wiederaufgebaut worden ist.

Tips:
1. Die »Berliner Schiffahrtsgesellschaft e.V.« veranstaltet auch die traditionellen historischen Segelregatten mit alten Finow- und Berliner Maßkähnen.
2. Bei besonderen Anlässen kann man Schiffe für Sonderfahrten chartern.

Von den historischen Schiffen blickt man auf die **Mühlendammschleuse**. 1894 in Betrieb genommen, dient sie zur Passage in die Innenstadt. Kommt man von der **Oberbaumbrücke**, so liegt gleich hinter der Mühlendammschleuse rechter Hand das **Nikolaiviertel**: Zwischen Spandauer Straße und Spree neu aufgebaut, beherbergt es den historisch nachempfundenen Stadtkern Berlins. Die Fußgängerzone mit ihren Restaurants, Cafés und auf alt gemachten Gebäuden lockt nicht nur Touristen an.

Die im 14. Jahrhundert erbaute spätgotische **Nikolaikirche** gab dem vier Hektar großen Viertel seinen Namen und ist das älteste Gebäude der Stadt – steinerner Zeuge einer jahrhundertealten Siedlungsgeschichte. Noch nicht einmal der Verbund der Hansestädte wollte ohne die Stadt, die schon damals eine kleine Metropole an der Spree darstellte, auskommen.

Für die 750-Jahr-Feier 1987 ließ der Ostberliner Magistrat das **Nikolaiviertel** rekonstruieren. Neben Bürgerhäusern, die dank dem Rückgriff auf historische Gemälde und Stiche aussehen, als seien sie noch im 17., 18. und 19. Jahrhundert gebaut worden, entstanden auch historische Lokale (»Zur Rippe«, »Zum Paddenwirt«, »Zum Nußbaum«) neu, ebenso das Knoblauch-Haus und das Ephraim-Palais.

Außerdem stellt das Nikolaiviertel für Berliner Wassertouristen auch das Einfallstor dar zu den nicht so günstig ans

Hansestadt Berlin

Was heute kaum noch jemand weiß: Berlin war einst Hansestadt. Mitte des 14. Jahrhunderts, als der Druck der Auseinandersetzungen mit Flandern und Dänemark den Handel maßgeblich beeinträchtigte, rückten die Handelsstädte enger zusammen.

Der Bund der niederdeutschen Kaufleute wandelte sich zu einem engen Handelsverbund von Städten: die Hanse entstand.

Auch Berlin und Cölln wurden im Rahmen dieses Umbruchs zu Hansestädten und profitierten von der Handelssperre gegen Flandern. 1359 nahmen diese beiden wie auch einige Städte der Prignitz und Altmark am Hansetag in Lübeck teil. Die märkischen Hansestädte Berlin, Cölln, Brandenburg und Frankfurt hatten zwar um 1400 weitreichende Handelsbeziehungen entwickelt, ihre Bedeutung innerhalb der Hanse blieb jedoch gering.

Berlin-Cölln – die Doppelstadt – war zur Handelszentrale eines überwiegend von Ackerbau geprägten Landstriches geworden. Mit den großen norddeutschen Hansestädten konnte die Mittelmark jedoch nie konkurrieren und so blieb Berlin nur der Status des Hinterlandes der hansischen Küstenstädte.

Wasserstraßennetz angeschlossenen Plattenbaubezirken Hellersdorf, Marzahn, und Hohenschönhausen sowie nach Pankow und Weißensee. Vor allem dem Bezirk Weißensee verdankten Berlins Märkte über Jahrhunderte hinweg den Fisch, der dort gefangen und täglich auf die Märkte gefahren wurde.

Kurfürstenhaus im Nikolaiviertel: Hinter der roten Sandstein-fassade des 1895 von Carl Gause im Stil der Neorenaissance erbau-ten Hauses liegen sehenswerte Kachel-verzierte Innenhöfe.

Nikolaiviertel – ein Stück des »alten Berlins« nach der Rekon-
struktion. Mehr als ein Touristenmagnet, bietet die Stadtmitte
nahe der Mühlendammschleuse pittoreske Straßenszenen, aber
mehr und mehr auch gediegene Gastronomie.

Vom Nikolaikirchplatz öffnen sich dem Fotografen einige der
schönsten Blickwinkel auf die romantischen Seiten der Großstadt.

Weißensee – Zahlen und Fakten
- Der Bezirk hat über 54 000 Einwohner, das sind 1,6 Prozent der Gesamtbevölkerung Berlins. Mit 1834 Einwohnern hat Weißensee den niedrigsten Ausländeranteil in der Stadt.
- Weißensee nimmt eine Fläche von 30 km^2 ein.
- Es gibt 57 Sportplätze und Freibäder im Bezirk.
- Der Weiße See im Herzen des Bezirks lädt zum Baden unter Weiden am begrünten Ufer ein.

Auf dem Weg nach Weißensee fahren Sie, ob mit Bus oder Bahn, durch **Prenzlauer Berg**. Dort sollten Sie unbedingt dem Flair der restaurierten Altberliner Kneipen rund um den **Kollwitzplatz** einen Abend schenken. Auf einer kleinen Wiese steht die übergroße Plastik der Grafikerin Bildhauerin Käthe Kollwitz. Rundherum liegen einige der beliebtesten von insgesamt 700 Kneipen im Bezirk. Vor der Wende gab es dort gerade mal 82.

Ab in die U-Bahn – einige Fahrminuten weiter findet sich in Prenzlauer Berg Berlins urigster Kneipenkiez: der Kollwitzplatz.

Tip: Zu erreichen ist der Platz am besten vom Nikolaiviertel aus mit der U-Bahn-Linie 2 (Richtung Pankow) bis
U-Bahnhof Senefelderplatz.)

Wenn Ihnen dann noch Zeit bleibt, frischen Sie Ihre Kennt-
nisse über Astronavigation im **Zeiss-Großplanetarium** auf.
Dort erfahren Sie zugleich einen Hauch der Unendlichkeit
des Weltraums. Das Planetarium an der Prenzlauer Allee 80,
gleich am S-Bahnhof Prenzlauer Allee, wurde am 9. Oktober 1987 eröffnet. Es ist eines der größten und modernsten
in Deutschland. Das ehemalige DDR-Kombinat Carl Zeiss
Jena erbaute das Herzstück der Anlage, den computergesteu-
erten Planetariumsprojektor. Die Kuppel hat einen Durch-
messer von 23 Metern. Mit Bildern, Texten, Musik und La-
sershows wird Besuchern das All nähergebracht.

Prenzlauer Berg – Zahlen und Fakten
- Prenzlauer Berg hat nur eine einzige Wasserfläche:
  den Eschengraben.
- 1920 gebildet, umfaßt der Bezirk heute eine Fläche
  von 11 km^2.
- Von den 147 000 Einwohnern sind über 7000 Ausländer (rund 5 Prozent).
- Mit 13 300 Personen pro km^2 ist Prenzlauer Berg nach
  Kreuzberg am dichtesten besiedelt.
- Der Bezirk weist die größte Altbausubstanz der Stadt
  auf. Vier Fünftel der 89 000 Wohnungen wurden noch
  vor 1945 gebaut.

Wer die schönsten Sehenswürdigkeiten Berlins vom Boot aus
erkunden möchte, darf mit Gastfreundschaft nicht rechnen:
Außer im Kreuzberger Urbanhafen und an der Mühlendammschleuse ist in der City kaum Platz zum Festmachen
für Sportboote. Im Gegenteil: »Parken verboten« verkünden
Hinweisschilder fast überall.
Dieses weitläufig in den City-Bezirken geltende Anlegever-

bot auf der Spree ist nicht nur unverständlich, sondern erscheint auch töricht, bedenkt man, wieviel an Attraktivität für Tausende von Wassertouristen auf diese Weise verlorengeht. Platz wäre genug, an vielen Stellen verfügt die Innenstadt-Spree über ausreichend Breite, um die »Hauptstadt mit Herz« auch vom Wasser aus zu präsentieren. Es gibt sogar kleine Buchten, die für Anleger geeignet wären und Stichkanäle wie den Kupfergraben an der Museumsinsel. Von hier aus könnten Bootsreisende ein bezauberndes Berlin kennenlernen, Kneipen und Geschäfte in alten S-Bahn-Bögen, Museen und die Promenade Unter den Linden mit ihren Prachtbauten von der Deutschen Staatsoper und der Humboldt-Universität bis zum Brandenburger Tor. Wenn die Hauptstadt doch nur Herz zeigen wollte.

Der historische Kern Berlins liegt im ehemaligen Ostteil der Stadt. Seine Erkundung vom Wasser aus ist spannend, auch wenn das Anlegen allerorts erschwert wird.

Den Bezirk kann man sehr eindrucksvoll vom Wasser aus entdecken. Wer über einen der Spreearme aus Richtung Westen kommt, fährt am Schiffbauerdamm direkt an der Baustelle Reichstag vorbei und weiter entlang der Friedrichstraße. An der **Museumsinsel** kann man entscheiden, ob die Fahrt vorbei an **Pergamonmuseum**, Nationalgalerie, Dom und Palast der Republik über das Nikolaiviertel gehen soll oder ob man die Route mit Blick auf Bodemuseum und Lustgarten unter der Schleusenbrücke hindurch bevorzugt. Man sieht den **Berliner Dom** und die Museumsinsel aus Perspektiven, die zur Auseinandersetzung mit den Inhalten reizen: Die zahlreichen Sammlungen lohnen einen Besuch, wenngleich noch bis zum Jahr 2003 ganze Teile der Insel eine Baustelle sein werden: Da gibt es z. B. die **Nationalgalerie**, deren Freitreppe rekonstruiert wird. Die Generalinstandsetzung kann frühestens 1998 beginnen. Bis zum Jahr 2003 werden 140 Millionen DM verbaut sein.

Noch ärger steht es ums **Neue Museum**: Der Stüler-Bau hat ein Fundament aus Holzpfählen, die nun durch 2500 Betonpfähle ersetzt werden sollen. Erst danach kann man den

Der Dom, ehemalige Hauskirche der Hohenzollern, südlich davon die Spreefront des Palastes der Republik.

Wiederaufbau in Angriff nehmen – in diesem Jahrtausend wohl nicht mehr.

Mitte – Zahlen und Fakten

- Mitte gilt als Geburtsstätte des heutigen Berlins.
- 1244 wurde die Stadt erstmals urkundlich erwähnt.
- Im 10,7 km^2 großen Bezirk leben 81 000 Menschen.
- Von 13 Berliner Theatern und größeren Spielstätten befinden sich elf in Mitte.

Das Bode-Museum – nur einer der großen Ausstellungspaläste auf der Museumsinsel. Niemand versteht, weshalb es dort nirgends eine Anlegestelle für Sportboote gibt.

Die Spree in Richtung Westnordwest fahrend, überqueren wir die Grenze zum Bezirk **Tiergarten** noch vor dem Reichstag. Die vorbeiziehende Kulisse läßt Lärm, Staus, Baustellen und Menschengedränge vergessen. Die Nerven entspannt, genießen Spreefahrer die Kapitale ohne den Streß der Straße, wobei Bauarbeiten an vielen Abschnitten der Berliner Wasserstraßen den Schiffsführern größte Aufmerksamkeit abfordern.

Der **Spreebogen am Reichstag** bietet eine gänzlich unwirkliche Szenerie: Riesige Sanddünen tauchen aus dem Wasser auf. Mit Sand beladene Frachtschiffe und Schuber, die in der Nachmittagssonne golden leuchten, kreuzen über die Wellen der ständig bewegten Spree. Ein neues Bett wurde für den Fluß gegraben. Die Natur umgewühlt. Man arbeitet am Tiergartentunnel, der natürlich auch die Spree unterquert. Hinter der **Moltkebrücke** kann die Natur noch atmen. Hier beginnt der verwunschene Weg durch den Tiergarten, durch dessen südlichen Teil sich die Gewässer des Neuen Sees schlängeln.

Rings um uns lassen Trauerweiden ihre Zweige bis aufs Wasser hängen. Über den Baumwipfeln taucht die schöne Viktoria auf, mütterlich lächelnd. Viktoria – gemeint ist die Dame auf der **Siegessäule** – hat Schuhgröße 92, ist 800 Zentner schwer und ist doch grazil. Für ihre 8,32 Meter hat sie eine geradezu ideale Figur. Übrigens: Ihr kostbares Kleid besteht aus 200 Quadratmetern purem Blattgold. Als geistiger Vater gilt Friedrich Drake (1805–1882). Er schuf seinen Engel, unsere Göttin, als Erinnerung an die Gründung des ersten deutschen Nationalstaates 1871.

Am **Haus der Kulturen der Welt,** an der »Schwangeren Auster«, der alten Kongreßhalle, die die Amerikaner dem Westteil Berlins geschenkt haben, versuchen wir, vor der Caféterrasse anzulegen – und werden verscheucht. Daß der Anblick historischer Segelboote und einer modernen Motoryacht auf dem Wasser die Attraktivität eines solchen Restaurants steigern könnte, hat man nicht begriffen. Die Stadt boomt und baut, aber in den Köpfen der Berliner Dienstleister hat Veränderung und Umdenken kaum Einzug gehalten.

Immerhin finden wir etwas weiter einen Platz, an dem Anlegen zwar auch nicht gerade gern gesehen, aber von niemandem verboten wird. Von hier aus bieten sich sehr gute Möglichkeiten, zu Fuß durchs nahe, gerade entstehende **Regierungsviertel** der Hauptstadt zu spazieren, den **Reichstag**, das nur einen Steinwurf entfernte **Brandenburger Tor** und die Großbaustellen am **Potsdamer Platz** zu erkunden.

Zwei Häfen gehören zum Bezirk Tiergarten: der **Nordhafen** und der **Westhafen**. Alle nördlichen Bezirksgrenzen sind Wasserstraßen der Spree.

Detail der
Weidendamm-
brücke. Lassen
Sie sich Zeit,
wenn Sie die
Spree entlang-
fahren. Es gibt
Tausende Blick-
winkel, die der
Entdeckung
harren.

Die Moltkebrücke in Tiergarten – unmittelbar am wachsenden
Regierungsviertel der Hauptstadt fließt die Spree durch den Bezirk und den gleichnamigen größten Volkspark Berlins.

Tiergarten – Zahlen und Fakten

- 1881 eingemeindet, wird Tiergarten bei der Kommunalreform von 1920 »Groß-Berlins« zweiter Verwaltungsbezirk.
- Der Bezirk ist nur 13,4 km^2 groß.
- In Tiergarten leben 93 000 Einwohner.

Da sowohl die Spree als auch der Landwehrkanal durch den Bezirk fließen, liegt es nahe, von irgendeinem Anleger aus einen Bus zu nehmen und sich den neu entstehenden **Regierungsbezirk** ruhig mal aus dem »großen Gelben« (wie in Berlin die Busse genannt werden) anzusehen.

Übrigens: Der **Westhafenkanal** führt von Wedding und Charlottenburg zum Umschlagplatz Westhafen, der wiederum über einen Kanal mit dem kleineren Nordhafen verbunden ist. Von dort aus kommt man in südlicher Richtung bis zum Lehrter Stadtbahnhof und könnte, wieder über Spreekanäle und Charlottenburger Verbindungskanal, zurück zum Westhafenkanal.

Daß Berlin über grandiose, moderne Büroarchitektur verfügt, zeigt die Fahrt durch den Ortsteil **Moabit**, entlang dem **Holsteiner Ufer, Bundesratufer** und **Hansaufer**. Wir sehen verspiegelte Fassaden, Stahl- und Glaskonstruktionen, die aufs Wasser blicken und uns an Manhattan erinnern. Die meisten sind Zeugnisse einer temporären Immobilienflaute – zur Zeit stehen etwa eine Million Quadratmeter Bürofläche an der Spree leer: »Provisionsfrei zu vermieten« verkünden überdimensionale Schilder an den Fassaden dieser futuristischen Gebäude.

An Land orientiert sich unser Ortsgedächtnis am Straßennetz, an der Verkehrsführung, an den Strecken der öffentlichen Verkehrsmittel und anderen Landmarken. Ganz anders ist der Blick auf die Stadt vom Wasser her. Es bedarf einiger Anstrengung, Altbekanntes – eine Brücke etwa, ein Gebäude, eine Straßenecke – wiederzuerkennen. Plötzlich befindet

*Ehemals stand hier eine alte Meierei. Bolle-Block, werden die
beiden Glastürme auch heute noch genannt. Zur Jahrtausend-
wende zieht hier das Bundesinnenministerium ein.*

man sich in einer anderen Umgebung, weiß kaum, woher
man dieses oder jenes Bauwerk kennt. Wir sind in unserer
Heimatstadt. Aber mitunter ist sie uns fremd. Etwa so, als stehe
man auf einer Reise durch die Toskana plötzlich vor dem
Brandenburger Tor – oder ist es das Schloß Charlottenburg?

Tip: Für den Park am Schloß Charlottenburg sollte man
sich unbedingt Zeit nehmen, ebenso für das Ägyptische
Museum gleich gegenüber am Spandauer Damm.

Gleich hinter der **Dovebrücke** passieren wir den Zufluß des
Landwehrkanals in die Spree. Nach Norden führt der Charlottenburger Verbindungskanal in den **Westhafenkanal**,
durch den wir in den **Westhafen** gelangen. Westhafen-Kanal
und Westhafen gehören noch zu Tiergarten, grenzen aber
unmittelbar an den Bezirk **Wedding**, dessen Industrie durch
diesen Umschlagplatz an alle europäischen Wasserwege angeschlossen ist.
Der Gedanke muß faszinieren: Nur 330 Kilometer und sieben Schleusen sind wir von Hamburg entfernt, 882 Kilometer (14 Schleusen) von Mainz, 1215 Kilometer (25 Schleu-

Charlottenburg – Zahlen und Fakten

- Die Spree verbindet Charlottenburg – auch für Sportschiffer – mit den angrenzenden Bezirken Spandau und Tiergarten.
- Über den Landwehrkanal kommen Boote bis nach Kreuzberg.
- Der Bezirk hat eine Größe von ca. 30 km².
- In Charlottenburg leben über 181 000 Menschen.
- Die Bevölkerungsdichte zählt mit 5 800 Einwohnern pro km² zu den höchsten der Stadt (Berliner Durchschnitt: 3 800).
- Das Durchschnittsalter beträgt etwa 43 Jahre und liegt damit um rund vier Jahre über dem Durchschnittswert für ganz Berlin.
- Acht Theater und sechs Museen machen Charlottenburg zu einem kulturellen Zentrum der Stadt.

sen) von Basel. Und über Kanäle sind wir an alle großen europäischen Wasserstraßen zwischen Ostsee, Donau und Schwarzem Meer, Mittelmeer, Atlantischem Ozean und Nordsee angeschlossen. Ja, auch das ist Wedding.

Wedding – Zahlen und Fakten
- Erste urkundliche Erwähnung fand Wedding 1251.
- Seine Fläche beträgt 15,4 km^2.
- Wedding hat fast 169 000 Einwohner, rund 27 Prozent davon sind Ausländer.
- Es gibt hier eine Technische Fachhochschule mit 7500 Studenten.
- Unbedingt zu erwähnen: Innovations- und Gründerzentrum an der Brunnenstraße – Deutschlands erstes und eines von zwei solcher Zentren in Berlin.
- Schön für ein Picknick an Land: Die Ufer des großen Plötzensees direkt im Volkspark Rehberge.
- Das Flüßchen Panke durchzieht den Bezirk im östlichen Teil von Nord nach Süd. Der Flußverlauf der Panke, die überwiegend »eingemauert« unterirdisch fließt, soll renaturiert werden.

Im Verbund von 14 öffentlichen Berliner Häfen und 90 privaten Ladeplätzen ist der **Westhafen** eine der größten Umschlaganlagen: 11,3 Millionen Tonnen Fracht liefert die Schiffahrt jährlich in die Hauptstadt bzw. fährt sie aus Berlin heraus.

Hinter dem Westhafen fahren wir in die **Schleuse Plötzensee**, die ebenso wie die Schleusen Charlottenburg und Spandau für Europaschiffe aus- bzw. neu gebaut wird, und gelangen weiter über den **Hohenzollernkanal** im prächtigen Licht der untergehenden Sonne in das **Seengebiet**, das **Spandau** mit **Tegel** verbindet.

Die Stadt liegt hinter uns: Nach Dahme und Spree hat unsere kleine Flotte endlich Berlins Norden, die **Oberhavel** erreicht. Wir fahren ein Stück nach Süden, um irgendwo im Schatten der **Spandauer Zitadelle** zu übernachten.

Die Spandauer Zitadelle. Immer wieder zeigt das Kunstamt Spandau dort besonders sehenswerte Ausstellungen.

Die Zitadelle

Ein beeindruckender Anblick ist die Zitadelle in Spandau von der Havel aus. Mehr als 300 Meter sind die Seiten der Festung lang, über allem erhebt sich der 30 Meter hohe Juliusturm – Spandaus Wahrzeichen. Vier Dreiecksbastionen prägen den Festungsstern.

Die Anfänge der Zitadelle gehen auf das 10. Jahrhundert zurück. Damals hatte an dem strategisch günstigen Platz eine slawische Burg gestanden. Mitte des 12. Jahrhunderts ließ Markgraf Albrecht der Bär (1134–1170) an dieser Stelle eine neue Burg errichten. Der Bau des Juliusturms wird auf das Jahr 1200 datiert, der des Palas auf 1350. Die von Wasser umgebene Burg sicherte im Mittelalter einen wichtigen Handelsweg, der vom Rheinland über Magdeburg, Brandenburg, Spandau nach Polen führte. Später, Mitte des 16. Jahrhunderts, wurde die Burg zum Schutz Berlins ausgebaut. Kriegerisch ging es erst Mitte des 17. Jahrhunderts zu, als die Zitadelle im 30jährigen Krieg von den schwedischen Truppen belagert wurde. Eine Zeit von Zerstörung und Verfall setzte ein. 1691 explodierte der Pulverturm auf der Bastion Kronprinz. Die verfallene Zitadelle ließ Napoleon instandsetzen, nachdem sie ihm kampflos übergeben worden war.

Napoleon selbst nutzte die Festung 1813, um den Russen und Preußen Widerstand zu leisten.

Nach den Befreiungskriegen wurde die Zitadelle in den 20er und 30er Jahren des 19. Jahrhunderts wieder restauriert. Ende des Jahrhunderts lagerte der Reichskriegsschatz mit 120 Millionen Goldmark im Juliusturm. Während des Zweiten Weltkriegs stand die Zitadelle im Dienst der Kriegsindustrie: Das Heeres-Gasschutz-Laboratorium war dort untergebracht. Hochgiftige Kampfstoffe wurden produziert. Nach den Überresten suchte die Berliner Polizei noch bis Mitte der 90er Jahre. Seit 1992 beherbergt das Torhaus der Zitadelle das **Stadtgeschichtliche Museum Spandau**.

Die Millionenstadt und einige ihrer schönsten Wasseradern: die Zitadellen-Festungsinsel in der Havel, links die Schleuse Spandau, oben die Insel Eiswerder, die in die Wasserstadt Oberhavel integriert wird.

Die Spandauer Zitadelle gibt in der untergehenden Abendsonne eine prachtvolle Kulisse ab. Wir liegen im Wassersportclub Spandau 04. Und sind überrascht: Hier, endlich, werden wir freundlich empfangen. Und das noch nach 21 Uhr.

Wir bekommen einen Liegeplatz: (Gebühr 1,50 Mark pro Bootsmeter), Schlüssel für Duschen und WC.

Abends essen wir eine feine Suppe, erwärmt auf dem russischen Armeekocher – mit Blick auf die Eiswerderbrücke. Die Wasserstadt Oberhavel wird in diesem Teil Berlins bald 30 000 Neuberlinern eine Heimat bieten.

Spandau – Zahlen und Fakten

* Größtes fließendes Gewässer ist die Havel, größte Seen sind die Spekte Lake, Südparkteich und Grimnitzsee. Größte Zugänge für Schiffe über Berlin-Spandauer-Schiffahrtskanal, Havelkanal und Spree.
* Spandau hat eine Fläche von knapp 92 km^2.
* Über 223 198 Menschen leben in Spandau.

Während die Sonne ihr letztes, schattenloses Licht über die Landschaft gießt, nehmen wir unseren Sundowner. Besser ist es auch in der Karibik nicht zu haben.

Wer lieber essen gehen möchte, den erwartet, kaum zehn Minuten Fußmarsch von der Anlegestelle entfernt, am Hafenplatz (Neuendorfer Straße) im »Brauhaus« ein Biergarten mit rustikaler Küche. In der Spandauer Altstadt, die unmittelbar hinter der Zitadelle beginnt und ebenfalls zu Fuß in wenigen Minuten zu erreichen ist, finden sich Restaurants, Cafés und Pizzerien. Bis 23 Uhr zerreißen die von Tegel aufsteigenden Flugzeuge die nächtliche Stille am Steg.

Am nächsten Tag setzen wir gleich hinter der Eiswerderbrücke die Segel. Wo jetzt noch dünne Besiedlung, viel Industrie und etwas Gewerbe das Landschaftsbild bestimmen, entsteht eine komplette, neue Stadt.

Die Wasserstadt Oberhavel

Nördlich von Schleuse und Zitadelle verändert die Havellandschaft ihr Gesicht: Auf 206 Hektar Fläche entsteht die Wasserstadt Oberhavel und verwandelt den heute industriell geprägten Charakter der Uferbebauung. Für etwa 24 000 Einwohner entstehen am östlichen und westlichen Havelufer sowie auf der Insel Eiswerder etwa 10 000 Wohnungen und 20 000 Arbeitsplätze. Der dem Wasser zugewandte neue Stadtteil soll die Uferbereiche wieder zum Leben erwecken. Denn die heute in großen Teilen Gewerbebetrieben vorbehaltenen Uferzonen werden mit Grünzügen, Stadtplätzen und Wegen den Menschen wieder zugänglich gemacht. Mit dem städtebaulichen Entwicklungsprojekt wollen die Planer ein Modell für ökologischen Stadtumbau realisieren. Im Zuge des Neubaus werden die Böden von Altlasten befreit, und mit einer neuen Kanalisation soll die Zeit der Abwassereinleitungen in die Oberhavel beendet werden.

Wir fahren bei mäßigem Wind und gleißender Sonne an den noch von Werften, Laubenkolonien und Industrieanlagen geprägten Uferregionen vorbei und gelangen zwischen den hübschen Inseln zur Hallig. Die **Halbinsel »Auf der Hallig«** ist etwa zwei Hektar groß und liegt im südlichen Teil des **Tegeler Sees**. Umschlossen von Hohenzollernkanal, Tegeler See und der Kleinen Malche, haben sich Kleingärtner die hier üppige Natur zu einem ungestörten Idyll geformt. Weiter geht's über den vor allem durch seine Inseln weitläufig erscheinenden Tegeler See. Überall Kleingartenkolonisten, Bootshausbesitzer oder Gasthauschefs – jede dieser kleinen Inseln ist ein eigenes, kleines Paradies. Dafür sollte man sich mindestens zwei, besser drei Tage Zeit lassen. Und dabei nicht vergessen: In Reinickendorf lohnen sich auch Landausflüge – zumindest nach Lübars, ins Märkische Viertel und in die Villenvororte des Berliner Nordens.

Reinickendorf – Zahlen und Fakten

- Im Bezirk leben ca. 251 000 Menschen, etwa 9,5 Prozent sind Ausländer.
- Reinickendorf umfaßt 89,4 km^2 und ist damit nach Köpenick und Spandau der drittgrößte Bezirk Berlins.
- In Reinickendorf gibt es 81 Friedhöfe.
- Immerhin 7,4 km^2 sind Wasserfläche.
- Eine nennenswerte Fläche (19,7 km^2) ist mit Wald bedeckt.

Wenige Meter vom Pavillon der Tegeler Greenwichpromenade entfernt, führt ein hübscher Spazierweg über die Sechserbrücke. 1908 wurde dieses heute rotlackierte, vom See weither sichtbare Stahlskelettbauwerk von der Tegeler Schloßverwaltung und Gemeinde erbaut, um die Promenade mit dem Schloßpark zu verbinden. Einen Sechser (fünf Pfennig) kostete es, sie zu passieren.

Unsere nächsten Ziele heißen **Pichelsee** und **Scharfe Lanke** an der unteren Havel. Der kürzeste Weg dorthin wäre über

*Der Tegeler Hafen am Nordufer des Tegeler Sees mit Sechser-
brücke und Promenade, gebaut zur Internationalen Bauaus-
stellung 1984.*

die Schleuse Spandau, die aber schon seit 1993 wegen Re-
novierungsarbeiten geschlossen ist und deren Öffnung noch
nicht abzusehen ist. Zur Zeit heißt es, 1999 sei es soweit.
Aber wer Berlin kennt, weiß auch, wie viele Versprechen von
Politikern und Planern doch nur Versprecher sind.
So müssen wir, um ans Ziel zu kommen, über den **Hohen-**

zollernkanal zurück, wieder durch die **Schleusen Plötzensee** und **Charlottenburg** und können dann erst in die Spree einbiegen, die südlich der Zitadelle in die Havel mündet.

> **Tip:** Ein kleiner Umweg, der sich lohnt, führt über die wildromantische »Alte Fahrt«, den Berlin-Spandauer Schiffahrtskanal, eine südliche Schleife des Hohenzollernkanals. Hier sind die Ufer dicht gesäumt von Wasserlilien, Seerosen, Trauerweiden – und von vielen Anlegern für kleinere Motorboote.

In der untergehenden Sonne segeln wir vor der Einfahrt zur Scharfen Lanke. Keine Kitschpostkarte kann das Leben so schön zeigen wie diese Wirklichkeit, die dort um uns herum ist. Berauscht von Sonne und Wind machen wir Rast an der Marina-Lanke-Werft.

Hoch lebe der Bootstourismus – bloß nicht mehr nach 22 Uhr: Wer um diese Zeit Hunger verspürt, könnte den zwar an jedem Wasserwanderplatz am Mittelmeer, am Atlantik oder sonstwo stillen – nicht jedoch in Europas größtem Wassersport-Binnenrevier. Im benachbarten Yachtclub Rot-Blau, gleich neben der Werft, heißt es nach einem freundlichen Gruß: »Aber die Küche ist schon zu!« Punkt. Ob sich das inzwischen geändert hat?

Am anderen Ufer der Havel (Havelchaussee) sind die Restaurants »Alte Liebe« und »Schildhorn« noch geöffnet. Wir allerdings sind nach 12 Stunden auf dem Wasser zu müde, um noch überzusetzen. Erbsensuppe aus der Tüte rettet uns. Wir kochen in der luxuriös eingerichteten Bordküche der Linssen.

Wer auf eigenem Kiel nicht über eine Küche verfügt, oder wer gar von Land her aufs Wasser strebt, um zu essen, dem sollten einige der letzten wirklichen Idyllen nicht vorenthalten werden: die **Restaurantschiffe**. Zum Beispiel »**Sabine II**«. Um die alte Dame zu finden, folgt man von Land her dem Sandweg in Pichelswerder Süd ganz bis zum Ende. Hat man das Schild »Achtung, freilaufende Hühner und Katzen« pas-

Restaurantschiff »Sabine II« – eines der schwimmenden Restaurants in der Seen- und Flußlandschaft Berlins (s. Seite 50f.)

siert, ist man schon fast da. Hier (bei Stromkilometer 4 am Pichelsdorfer Gemünd) liegt »Sabine II«. Ein umgebauter Lastkahn – für Gäste eines von vier Berliner schwimmenden Restaurants, für Gerda und Bernhard Führ seit elf Jahren das Zuhause.

Damals tauschte das Ehepaar die Berliner Wohnung gegen das Boot an der Unterhavel. Seitdem ist ihr Restaurant täglich von 9 bis 22 Uhr geöffnet: Gerda Führ serviert Knacker und selbstgemachte Rouladen aus Roßfleisch, Bernhard Führ Bier und »Seemannsgarn«. Immerhin sieben Jahre schipperte er als Schiffskoch durch die Welt, dann als Steuermann auf Tankschiffen über Deutschlands Binnengewässer. Selbst mit 62 Jahren kann er sich ein Leben auf dem Land nicht vorstellen, und auch seine Gerda braucht den »großen Swimmingpool vor dem Haus«.

Die Ruhe am Havelkanal durchbricht nur ab und zu der Wellenschlag von einem der vorbeischiebenden Lastkähne. Einzig das Telefon verbindet die »Sabine II« mit dem Leben der Stadt. Der Strom ist immer noch aus dem Generator, das Trinkwasser fördert die Pumpe aus 34 Metern Tiefe. Da kommt auch der Postbote erst gegen 13 Uhr und setzt sich

Motorgüterschiff auf der Havel unterm Grunewaldturm – wehe dem Sportschiffer, der die Geschwindigkeit der stählernen Pötte unterschätzt ...

zum Bier. Aber einsam fühlen sind die Führs nicht: Der Hund, drei Hühner, zwei Küken, ein Hahn, fünf Katzen und der Papagei gehören mit zum Inventar des Restaurants. Kommt schon mal vor, daß Fridolin, der Hahn, auch vor der Theke nach Krümeln sucht. Fotos an der Wand, ausgestopfte Hasen, Muscheln, Gardinen, Tischdecken mit Muster – Gerda Führ hat den Gastraum mit Liebe eingerichtet: »Es ist ja schließlich auch gleichzeitig unser Wohnzimmer.« Einen Abend zu zweit können sie selten verbringen: »Segler oder Durstige klopfen auch mal nachts an die Tür und bestellen ein Bier, weil sie im Restaurant noch Licht gesehen haben. Is' doch klar, wir leben ja hier.«
Von sieben Plätzen am Heck des 34-Meter-Schiffes können Gäste über die Unterhavel blicken: Reusen, am Horizont der Turm auf dem Schäferberg, links ist gerade noch das Heck des Restaurantschiffes »Alte Liebe« zu sehen, rechts Angler, Graureiher, ein Metallturm mit Schiffahrtszeichen.
Ein Panorama, daß es für die Führs ebenso wie für Gäste bald nicht mehr geben soll, wenn es nach den Plänen der Bundesregierung geht. »Nach dem ›Projekt 17 deutsche Einheit‹ soll die kanalisierte Havel an dieser Stelle um 35 Meter

verbreitert werden, damit die 180-Meter-Schubverbände, die dann hier fahren sollen, die Kurve kriegen«, erklärt Führ. Genau jene 35 Meter, wo jetzt die »Sabine II« liegt. Wehmütig blickt er über die Reling seines Schiffes, das dann weg muß, die Wellen, die dann nicht mehr am Steinufer plätschern, die Bäume am Ufer des Kanals, die es dann nicht mehr geben wird. Der Schiffer rückt seine Seemannsmütze zurecht und sagt leise: »Das haben die falschen Leute geplant.« Es koste weniger als die veranschlagten 8,5 Milliarden, nachts die Schleusen offenzuhalten und die Kanäle zu beleuchten. Die erhöhte Frachtmenge wäre dann auch mit den kleinen Schubern zu befördern …

Wenn »Plan 17« umgesetzt wird, muß die »Sabine II« nach mehr als 50 Jahren ihre Holzbrücke einziehen und ablegen, denn laut Pachtvertrag steht den Führs kein Ausweichufer zu. »Müssen wir eben in Kyritz anlegen oder sonst wo. Is' mir wurscht.« Nur eins ist für den Seebären sicher, »runter gehe ich nich' mehr von unserm Kahn«.

Essen auf dem Wasser: Die Restaurant-Schiffe

»Sabine II«, Pichelswerder Süd, Tel.: 361 65 31. Das ganze Jahr über täglich von 9 bis 22 Uhr (letzter Einlaß) geöffnet. 55 Innen-, sieben Außenplätze.

»Alte Liebe« an der Havelchaussee 107, Tel.: 304 82 58. Dienstag bis Sonntag von 12 bis 22 Uhr, im Winter ab Oktober nur Donnerstag bis Sonntag von 12 bis 21 Uhr geöffnet. Montag ist Ruhetag. 100 Innen-, 35 Außenplätze. Die Spezialitäten sind Fischgerichte.

»Pik-As« am Planufer (Urbanhafen), Tel.: 693 02 63. Das ganze Jahr täglich von 10 bis 1 Uhr geöffnet. 100 Innen-, 70 Außenplätze. Frühstück gibt es hier – für Nachtschwärmer – bis 16 Uhr nachmittags.

»Van Loon«, Frachtsegler aus Holland von 1914, im Urbanhafen, nahe der Baerwaldbrücke am Carl-Herz-Ufer, Tel.: 692 62 93. Das ganze Jahr täglich von 10 bis 1 Uhr geöffnet. Eine Spezialität: hausgebeizter Lachs mit Dill-sauce. Viele weitere, oft wechselnde Gerichte der geho-benen Küche, auch vegetarische Angebote.

Außerdem bieten verschiedene **Ausflugsdampfer** Erleb-nisgastronomie auf dem Wasser. Einige Namen:

Museumsschiff »Heinrich Zille«. Der Nostalgiedampfer fährt die Havel abwärts bis zum Großen Wannsee und wieder zurück zur Ablegestelle Siemenswerder auf der Halbinsel Pichelswerder (Spandau). Tel.: 361 60 84.

MS »Sanssouci«. Das Partyschiff liegt an der Oberbaum-brücke am Gröbenufer (Kreuzberg) vertäut.

Eine Lehrerin unterweist Ungeübte von 15 Uhr an in Stan-dardtänzen. Von 12 bis 18 Uhr gibt es Brunch für Lang-schläfer. Der Eintritt zum Tanz kostet 10 Mark, der Brunch 20 Mark. Weitere Informationen unter 611 12 56.

Berlins erstes **Theaterschiff** ist der Lastensegler »la mar«. Mit Bühne und Zuschauerraum (für etwa 100 Besucher) und kleinem Ausschank. Infos: 0177/333 93 22.

Außerdem bieten die Berliner Gewässer **Gastronomie-schiffe**:

Zum Beispiel das Hotelschiff »**Victoria**«, am S-Bahnhof Treptower Park. Es werden Fisch- und Fleischgerichte gereicht. 68 kleine Kajüten werden für 95 Mark (Einzel-kajüte in der Woche, am Wochenende 125 Mark); 130 bzw. 150 DM (Doppelkajüte), 160 bzw. 180 Mark (Drei-bettkajüte), jeweils mit Frühstück, vermietet. Reservierun-gen unter Tel.: 53 33 70.

Rundfahrten mit Gourmeteinlagen bietet die **Potsdamer Haveldampfschiffahrt**:

Zu ihrer Flotte gehören z. B. die »**Sachsenwald**« oder die »**Nordstern**« (Tel.: 0171/544 61 40) oder die Barkasse »**Josephine**«, auf der sich Heiratswillige auch das Jawort geben können! (Tel.: 692 62 93).

Sonderfahrten unternimmt die Stern und Kreis Schiffahrt (Tel.: 53 63 60-0).

Wieder fällt dieser Satz: Auf der Havel sollten Sie sich Zeit lassen – und wenn Sie weiterfahren, werden sie es bedauern, nicht noch mehr Zeit gehabt zu haben.

Wenn Sie Berlin umrunden, so finden Sie allein im Revier zwischen Freybrücke im Norden und Glienicker Brücke im Süden Möglichkeiten für einen ganzen Jahresurlaub und fast nebenbei für spannende Exkursionen in die angrenzenden Bezirke Spandau, Wilmersdorf und Zehlendorf. Außerdem passieren Sie einige der wirklich schönen und traditionsreichen Segelvereine – angefangen beim ASV, dem Akademischen Segler-Verein im Norden, an der Scharfen Lanke in Spandau gelegen, bis zum Potsdamer Yachtclub im Süden am **Großen Wannsees**, zu Zehlendorf gehörig (siehe Service-Kapitel ab Seite 157).

Wilmersdorf – Zahlen und Fakten

- Der »Grüne Bezirk« umfaßt 34 km^2.
- Obwohl das Revier des Wilmersdorfer Grunewaldes im Westen des Bezirks an die Havel grenzt, kommen Wassersportler ansonsten nur zu Fuß oder motorisiert durch den Bezirk.
- Seen: Grunewaldsee, Hundekehlesee, Teufelssee, Halensee, Koenigssee, Herthasee, Dianasee, Hubertussee.
- In Wilmersdorf leben fast 145 000 Menschen.
- Mehr als 90 Hotels und Pensionen gibt es.
- Größter Arbeitgeber: Die BfA (mehr als 20 000 Angestellte).
- 77 Tennisplätze gibt es. Der LTTC Rot-Weiß richtet im Sommer die »German Open« aus, das internationale Damen-Tennisturnier.

Gleich im Süden an den Wilmersdorfer Teil des Grunewaldes grenzt **Zehlendorf**. Was das Wasser betrifft, ist Zehlendorf besonders reich: Am Wannsee – neben dem Müggelsee das schönste Wassersportgebiet Berlins – locken allenthalben

Ufercafés, -kneipen und Promenaden. Sie sind für Autofahrer über die Avus oder die anderen Straßen ebensogut wie für Wassersportler zu erreichen.

Inselrestaurants, wie auf Lindwerder, oder Naturschutzgebiete, wie auf der Pfaueninsel, lassen einer besonders reichhaltigen Fauna und Flora immer noch vielfältige Lebensräume.

An der Kleinen Steinlanke und der Lieper Bucht befinden sich Badestellen, in der Nähe gibt es Ankerplätze.

Wer weiter will, kann an der Pfaueninsel vorbei auf der Havel Richtung Brandenburg schippern oder über den Großen Wannsee, Kleinen Wannsee, Pohlesee, Stölpchensee und Griebnitzsee nach Potsdam und Babelsberg.

Auch der Schlachtensee und die Krumme Lanke am Rande des Grunewalds – wenn auch nicht per Boot zu erreichen – sind Badeseen. Und wer sein Fahrrad dabei hat, wird feststellen, daß er von fast jedem Anleger über ein gut ausgebautes Netz von Radwegen bis in die Innenstadt gelangt.

Zehlendorf – Zahlen und Fakten

- Zehlendorf ist mit 70,5 km^2 der viertgrößte Bezirk Berlins.
- Ein Drittel der Fläche ist mit Wald bedeckt.
- Wasser: 10 km^2.
- 140 km Radwege stehen zur Verfügung – Idyllen für ausgedehnte Touren.
- Trotz der 98 500 Einwohner hat der Bezirk die geringste Siedlungsdichte Berlins. Auf einem Quadratkilometer wohnen durchschnittlich 1 400 Zehlendorfer.
- Mit der Freien Universität in Dahlem ist die größte Bildungseinrichtung Berlins in Zehlendorf beheimatet.
- Aber auch das Hahn-Meitner-Institut für Kernforschung in Wannsee, das Aspen-Institut auf Schwanenwerder und die Stanford-University (Pacelliallee) sprechen für Zehlendorfs Ruf als Stätte für Forschung und Bildung.

- Die John-F.-Kennedy-Schule entläßt ihre Schüler sowohl mit dem amerikanischem High-School-Diploma als auch dem deutschen Abiturzeugnis.
- Über die Grenzen der Stadt bekannt ist das Strandbad Wannsee, größtes Binnenseebad Europas, mit mehr als 500 000 Badegästen in jeder Saison.
- 106 Sportvereine sorgen für munteres Treiben auf 15 Plätzen und Stadien, in 32 Gymnastik- und Sporthallen, zwei Hallen- und Freibädern.

Wir starten bei Windstärke 3 nach Beaufort unsere Havelerkundung an der **Marina-Lanke-Werft**, nur wenige Schiffsminuten südlich der Heerstraßenbrücke am Westufer gelegen.

Der Jollenkreuzer »Con Brio« wird heute nur vom Skipper gesegelt, der deswegen schon vorm Auslaufen refft. Wir segeln die Havel südwärts. »Danaé« mit Holger Hanson, dem Kapitän und Schiffseigner aus Neustrelitz in Mecklenburg-Vorpommern, macht sich selbständig: »Ihr seid mir zu langsam«, sagt der Motorbootfahrer. Wir genießen die gleichmäßige Fahrt unterm aufbrisenden Wind. Der Große Wannsee ist unser Ziel. Am Potsdamer Yachtclub wollen wir anlegen. Gegen Mittag frischt der Wind auf. Mit Windstärke 5, in Böen 6 erschließt sich die Unterhavel als anspruchsvolles Seglerparadies, das auf der Jolle sportliches Ausreiten erfordert. »Con Brio« rauscht mit gerefftem Groß und mittlerweile eingeholter Fock so schnell übers Wasser, daß sich das Heck in die Fluten saugt. Das heißt: Rumpfgeschwindigkeit ist erreicht.

Die Ufer sind gesäumt von Villen, Badestellen, Yachthäfen. Vor der Segelschule Hering am **Großen Fenster** rauschen die orangefarbenen Galeon-Jollen der Segelschüler über die Wellen. Sie haben hier ein ideales Ausbildungsrevier, da das Fahrwasser der Berufsschiffahrt nördlich an der Bucht vorbeiführt und die Insel Schwanenwerder nach Süden eine natürliche Begrenzung bildet.

Die Insel Schwanenwerder bildet zugleich den nördlichen Abschluß des Großen Wannsees, des südlich ans Große Fenster angrenzenden Reviers.

Wir segeln am Berliner Yachtclub und dem Strandbad Wannsee vorbei, die in der Bucht an der östlichen Seeseite liegen.

Am **Südzipfel des Großen Wannsees** liegt der traditionsreiche und vornehme Potsdamer Yachtclub. Wer hier gern als Gast anlegen möchte, für den gibt's kaum eine Chance auf einen Liegeplatz. Alle Boxen (Miete 2,50 Mark pro Tag pro Bootsmeter) sind von Vereinsmitgliedern belegt. Wenn die auf Reisen sind, werden die Standplätze aber auch an Wasserwanderer vergeben (Voranfragen unter der Telefonnummer 030/ 805 35 58).

Bei jedem Schritt auf diesem Gelände, ob in den großzügi-

Die H-Jolle »Dorado« unterm Grunewaldturm. Anlegemöglichkeiten gibt es, also sollten Sie sie nutzen und den Turm besteigen – die Aussicht über die Unterhavel dankt es Ihnen.

Wie sauber sind Berlins Gewässer?

An dieser Stelle sollte auf **die jährlichen Meßwerte zur Gewässergüte** hingewiesen werden: Dreimal mußte die Senatsgesundheitsverwaltung im Sommer 1996 Badestellen an der Havel wegen Fäkalbakterien sperren. Die Ursache sehen Experten der Wasserwirtschaft in der Art der Abwasserbeseitigung durch die Berliner Wasserbetriebe. Seit einigen Jahren wird das Wasser nach der Klärwerksreinigung wie auch aus Regenüberläufen der Kanalisation in die Gewässer und nicht mehr auf Rieselfelder geleitet.

Neu seit 1995: In einem Modellversuch wird in den Wintermonaten auch der Ablauf aus dem Klärwerk Ruhleben, Berlins größtem und auch modernstem Klärwerk, in die Spree eingeleitet. Mit dem 16. September 1996 öffneten die Wasserbetriebe erneut das Ventil: 250 000 Kubikmeter vorgeklärter Abwässer fließen seitdem jeden Tag in die Spree und von dort in die Havel.

Eine erste Zwischenbilanz zeigte: Der Modellversuch, mit dem ein Kreislauf aus Trinkwassergewinnung und Abwasserentsorgung erzeugt werden soll – vor allem, um den Berliner Grundwasserspiegel auf seinem hohen Niveau zu halten – ist nicht ungefährlich. Experten befürchten unter anderem eine langfristige Veränderung des Flußklimas. Denn die Bakterien überleben lange Zeit im Schlamm am Grund der Flüsse. In der Folge könnte das Baden im Berliner Teil der Havel auf Dauer gesundheitsgefährdend sein.

Nun diskutiert man eine bessere Reinigungsstufe des Abwassers durch den Einsatz von Membranfiltern: Das Abwasser würde dabei vor der Einleitung in die Flüsse mit Hochdruck durch ein sehr feines Sieb gepreßt. Das Verfahren befindet sich aber noch in der Testphase, ist sehr energieaufwendig und daher teuer.

*Constanze von Blomberg auf der »Dorado« vor dem Potsda-
mer Yachtklub in Zehlendorf bei Windstärke 4.*

Die Pfaueninsel mit dem Schloß, das Johann Gottlieb Brendel für die Geliebte Friedrich Wilhelm II., die spätere Gräfin Lichtenau, baute.

gen Salons oder entlang der Anleger, riecht es nach ehrwürdiger Seglertradition. Die Räume des Restaurants und der Bar sind in Mahagoni getäfelt, Gäste sitzen in dunkelgrünen Lederfauteuils und auf Stühlen aus alten Hölzern, in deren Rückenlehnen schwungvoll die Initialien »PYC« eingearbeitet sind.

Doch wir setzen unsere Fahrt fort und können uns einen Augenschmaus gönnen: An uns ziehen, wie Perlen auf einer Schnur aufgereiht, Schmuckstücke preußischer Baukunst an den Ufern der Havel vorbei: Schwanenwerder, die Pfaueninsel mit ihrem weit von Süden sichtbaren Schlößchen, das Friedrich Wilhelm II. in den Jahren 1794 bis 1797 bauen ließ, Heilandskirche Sacrow mit ihrem toskanischen Campanile, vom Schinkelschüler Persius erbaut und während der 40jährigen DDR-Grenzbarbarei unzugänglich, Schloß Glienicke und Glienicker Brücke mit ihren 38 Metern Spannweite über die Unterhavel. Ihre Anordnung zeigt, daß sie für den Blick vom Wasser und nicht von Land aus geschaffen wurden.

Heilandskirche am Port von Sacrow, nach Plänen von Friedrich Wilhelm IV. von Persius 1841/44 erbaut. Die Basilika mit frei stehendem Campanile wurde in die Havel hineingebaut.

Wer einen Sinn für Schönheit hat, sollte allein in diesem Revier einige Tage verbringen – wer weiß, wie lange diese prachtvollen Stücke des kulturellen Erbes unserer Ahnen noch so unverbaut zu sehen sind. Gefahr droht vom Wasser her – aber genaugenommen aus den Amtsstuben: Wenn nämlich das Verkehrsprojekt 17 die noch weitgehend naturbelassenen Flußläufe der Havel und der Spree zu Wasserautobahnen verhunzt hat, deren Idylle nichts mehr zählt und deren Wert nur noch in Tonnage gemessen wird, in der Aufnahmefähigkeit von Schiffen mit Europaformat.

In ihren Filmen (siehe Literaturtips auf Seite 205) machen dies die Berliner Filmautoren Fischer/Teubner besonders deutlich. Wohl nirgendwoanders ist Fortschrittsglaube so unselig mit fehlendem Verantwortungsbewußtsein politischer Akteure verbunden. Wer das noch unzerstörte natürliche Kapital der Kapitale kennenlernen will, die gerade auch vom Wasser aus kapital wirkt, dem zeigen die Filmautoren ein Berlin, das auch dem Stadtmenschen einen Vorgeschmack auf die Intensität des »Selbst-Erleben-Wollens« ermöglicht.

Wir genießen die Schönheit der **Havel nördlich der Glienicker Brücke** bei starkem Wind von sechs bis sieben Beaufort. Als wir unsere Segel einholen, sind wir erschöpft. Und freuen uns auf einen ruhigen Abend. Pause vom Streß des Freizeitsports Segeln – und etwas Luxus für unsere Jollen-Crew. Wir ankern im Päckchen in der kleinen Bucht vor **Moorlake**. Dabei werden die Schiffe mit Leinen so aneinandergebunden, daß sie bei jeder Windänderung oder Strömung stabil zueinander liegen. Die H-Jolle »Dorado« dient der Crew der Linssen »Danaé« und des Jollenkreuzers »Con Brio« quasi als Beiboot. Mit einer Leine am Heck der »Danaé« festgemacht, lassen wir uns bei steifem Westwind achteraus in die Bucht hineintreiben – bis fast unmittelbar vor das Restaurant »Moorlake«, dessen Sonnenschirme uns locken.

Dort, nur wenige Meter vom Ufer entfernt, warten eine hervorragende Speisekarte und schnelle Bedienung. Um 22 Uhr will man aber auch an der Moorlake abkassieren. Demonstrativ werden Stühle auf Tische gestellt – Gastlichkeit ist begrenzt auf die Zeit vor Sonnenuntergang.

Der Wind frischt weiter auf, es wird kühler. Die »Dorado«-Crew übernachtet an Bord der Linssen und genießt einen fast vergessenen Komfort: Bett und Badezimmer ...

Am nächsten Reisetag muß der »Jockel« jaulen. Wir motoren über Kanäle, sind auch etwas faul, verzichten von vornherein aufs Segeln und legen die Masten schon am Vormittag. Unser Weg führt uns über den **Jungfernsee** zum **Yachtentwicklungszentrum** Potsdam. In unmittelbarer Nachbarschaft des Schlosses **Cecilienhof** hat Yachtdesigner Peter Rommel eine Villa aus der Zeit der Jahrhundertwende, die von der DDR als Grenzkontrollbaracke verschandelt worden war, aufwendig und originalgetreu restauriert.

Die »Danaé« wird uns hier verlassen: Skipper Hanson hat einen Termin im Wassersportzentrum Müggelspree in Köpenick. Dort feiern Heike und Wieardus Reichl die Eröffnung ihrer Linssen-Vertretung. Holger will nicht fehlen.

Sitz des Yachtentwicklungszentrums Potsdam. Hier wirkt Yacht-designer Peter Rommel: Villa an der Bertinistraße 18 bis 23 in Potsdam.

Die Gartenfront mit Erker des Schlosses Cecilienhof in Potsdam. Direkt davor am Jungfernsee kann man anlegen.

Der Jollenkreuzer »Con Brio« und die H-Jolle »Dorado« mit ihren Skippern samt Crew sind nun allein. Der verwilderte Park des Schlosses Cecilienhof – hier wurde 1945 das Potsdamer Abkommen unterzeichnet – sowie das Restaurant und Café des Schloßhotels, sind ideale Orte zur Entspannung, bevor wir über den **Sacrow-Paretzer Kanal** weitermotoren. Es geht nach Westen.

Marquardt ist unser Ziel für die Nacht. Das idyllische 950-Seelen-Dorf am **Schlänitzsee** zeigt sich nur dem, der von ihm weiß. Zum Wasser hin zeugt allein das Schloß mit dem vom Seeufer aufsteigenden Park von der Existenz dieses Ortes. 1791 erbaut, war das Schloß vor dem Zweiten Weltkrieg im Besitz der Hotelkette Kempinski und Treffpunkt der großen UFA-Stars. Nun will Steigenberger das Schloß wieder zu einem Hotel ausbauen. Wir genießen die Lage – noch ohne Kurtaxe.

An einem windschiefen, zur Hälfte ins Wasser geknickten

*Das Kleine Schloß im Babelsberger Schloßpark in der Abend-
sonne.*

Steg legen wir an. Lugte nicht durch die Wipfel uralter Rot-
buchen und Pappeln der Gartenflügel des Herrenhauses
hervor, könnte man meinen, am Ende der Zivilisation ange-
langt zu sein. Wildes Buschwerk an den Ufern, Fischreiher
und Kraniche ziehen über unsere Köpfe hinweg, Ohren und
Augen nehmen nichts anderes wahr als Natur.
Die grölende Dorfjugend im Schloßpark verzieht sich allerdings erst, nachdem die Polizei zweimal für Ruhe gesorgt
hat. Danach gehört die Stille der Nacht uns allein.

Am nächsten Morgen liegt nun noch die wunderschöne
Strecke durch die Potsdamer Gewässer vor uns – aber die
Zeit drängt. Und ein langer Heimweg liegt vor uns: mehr als
65 Kilometer sind es über Potsdamer Havel, Schwielowsee,
Templiner See, Tiefen See und Teltowkanal zurück zum Yacht-
club Wendenschloß in Köpenick. Wir fahren unter Motor.
Noch einmal erleben wir wunderbare Kulissen der beiden

Der Flatowturm von Schloß Babelsberg – ein Stück Architektur, das für die Betrachtung vom Wasser seinen ganz besonderen Reiz zeigt.

durch Wasser verbundenen Hauptstädte. Eine Kulturlandschaft aus einer Zeit, die mit dem Verkehrsprojekt 17 verlorenzugehen droht. Schade, die Menschen werden sie erst vermissen, wenn sie nicht mehr haben, was ihnen jetzt so normal erscheint.

Die Kulisse, an der wir vorbeiziehen, ist so abwechslungsreich wie die Bilder eines Films im Zeitraffer: Die großzügigen Villen und Parklandschaften an **Glienicker Lake** und **Griebnitzsee**, beide schon Bestandteile des **Teltowkanals**, Schloß Babelsberg, schräg gegenüber Jagdschloß Glienicke – wir befinden uns an der ehemaligen Nahtstelle zwischen Ost und West, zwischen Potsdam und Berlin. Wie Perlen einer Kette ziehen sich die verblaßten Glanzstücke einer großen Zeit an beiden Ufern des Teltowkanals entlang: die Villen der UFA-Filmstars und der Filmstadt Babelsberg.

Der 38 Kilometer lange **Teltowkanal** führt uns auch an einigen »häßlichen« Partien vorbei: Industrie, übelriechendes

Nordufer des Teltowkanals bei der Fahrt Richtung Osten: Ein alter Wachturm – ausgebaut zu einem Café, das die Camper eines angrenzen Zeltplatzes bedient.

Wasser, Müll – viele Abfälle treiben auf dem Kanal. Skipper, aufgepaßt! Hier, wie auch in den Potsdamer Gewässern, kann man schon mal auf ein metergroßes, treibendes Stück Holz mit kantigen Metallbeschlägen stoßen.

Noch einmal ein aufregendes Ereignis: An der **Schleuse Kleinmachnow** werden Schiffe um 2,70 Meter angehoben, ein Manöver, das Sportbootkapitänen Konzentration abfordert.

Den Kanal über seine gesamte Länge zu beschreiben lohnt nicht. Wer neugierig genug ist, sollte die Tour selbst machen. Und wenn man aus südöstlichen Berliner Revieren in die Gewässer um Potsdam oder in die Unterhavel wechselt, ist dieser Wasserweg ohnehin der kürzere.

Sicher, einige imposante Bilder der Industriearchitektur der Jahrhundertwende gibt es am Tempelhofer Hafen zu sehen. Das Ullstein-Haus zählt unbedingt dazu. Überhaupt bietet der ehemals größte Industriebezirk des alten Westberlin einige Überraschungen.

Schleuse Kleinmachnow am Teltowkanal – mit einem Hub von 2,70 Metern verlangt sie Sportschiffern mehr Aufmerksamkeit ab als die Berliner Schleusen, die kaum einen Meter Hub haben.

Tempelhof – Zahlen und Fakten

- Tempelhof hat eine Fläche von 40,8 Quadratkilometern.
- Einwohner: knapp 191 000.
- Mit 34,4 Prozent hat der Bezirk die wenigsten Singles von Berlin.
- Wohnfläche pro Einwohner: etwa 35,9 Quadratmeter.
- Mitten durch den Bezirk zieht sich der Teltowkanal mit dem Hafen Tempelhof (Nähe Tempelhofer Damm) und verbindet Steglitz mit Neukölln.
- Seen und Teiche: u.a. Türkenpfuhl, Rothepfuhl, Karpfenpfuhl.

Doch bevor wir nach Tempelhof kommen, tuckern wir erst einmal durch **Steglitz**. Hier und im Neuköllner Teil haben Architekten und Bauherren Beispiele ihrer Auffassungen, wie Glas und Chrom im modernen Städtebau eingesetzt werden können, in die verdorrte Stadtlandschaft gesprenkelt.

Steglitz – Zahlen und Fakten

- Auf 32 km² Fläche leben rund 198 000 Steglitzer.
- Mit 5 960 Einwohnern pro km² liegt die Siedlungsdichte über dem Berliner Durchschnitt von 3 800.
- Die größte Grünanlage ist der Botanische Garten mit 42 ha, gefolgt vom 18 ha großen Stadtpark.
- Berühmt ist Steglitz für seine zahlreichen prächtigen Villen aus der Gründerzeit, umgeben von altem Baumbestand.
- 6432 Hunde haben die Qual der Wahl: auf 290 Straßenkilometern verteilt stehen 32 000 Bäume.
- Im Steglitzer Ortsteil Lichterfelde fuhr 1881 die erste elektrische Straßenbahn der Welt.
- Hier startete 1894 Otto Lilienthal seine ersten Gleitflüge.
- Im ehemaligen Kulturtempel »Titania-Palast« fand 1945 das erste Philharmonikerkonzert nach dem Krieg statt.

- Mit 1344 Betten gehört das in Steglitz beheimatete Klinikum der FU Berlin zu den modernsten in Europa.
- Quer durch den Bezirk schlängelt sich der Teltowkanal mit dem Hafen Lichterfelde und dem Hafen Steglitz.

Trotzdem ist dieser Teil der Berliner Gewässer nicht der schönste, nicht der, den man unbedingt gesehen haben müßte.

Dann schon eher der Nachbarbezirk **Neukölln**. Auf der Nahtstelle zwischen Ost und West, an der Grenze zum Nachbarbezirk Treptow, hat sich eine vielfältige Szenerie von Märkten (vom Maybachufer im Norden bis Altglienicke, Rudow und Schönefeld im Süden) und auch manche nette Kiezkneipe angesiedelt.

Die Südostgrenze von Neukölln zieht der Teltowkanal mit dem Hafen Rudow-West. Nördlich am Hafen Britz-Ost gabelt sich der Teltowkanal. Er verbindet den Bezirk weiter mit Tempelhof und über den Britzer Zweigkanal mit Treptow. Der Neuköllner Schiffahrtskanal führt quer zur Nordgrenze des Bezirks nach Kreuzberg und somit wieder in die City. Wer Erholung und Unterhaltung sucht, ist im **Britzer Garten** richtig: Auf dem ehemaligen Buga-Gelände gibt es nicht nur Natur für Fußgänger, sondern ungezählte Konzerte und andere Veranstaltungen.

Neukölln – Zahlen und Fakten

- Der Bezirk hat über 314 000 Einwohner.
- Fast 58 000 davon (ca. 18,5 Prozent) sind Ausländer. Damit ist Neukölln Berlins Bezirk mit den meisten Ausländern.
- Der Bezirk hat eine Gesamtfläche von 44,9 km^2.
- Neukölln hat nur 3 Hektar Wald.
- 73 Hektar sind mit Wasser bedeckt.

Wir sind froh, als wir schließlich am **Langen See** in **Köpenick** am Yachtclub Wendenschloß ankommen. Es ist Nacht, wir sind müde. Und doch: Schon auf der Fahrt nach Hause, wieder auf Straßen, unterwegs durch das nächtliche Berlin, vermissen wir die Ruhe des Wassers und die gemütliche Enge unserer Kajüte.

Reicher sind wir, die wir uns immer als »Berlinkenner« wähnten, nach diesen Tagen auf dem Boot: Schöne und weniger schöne Seiten Berlins zeigte uns die Wasserfront. Zwei Gesichter hat diese Stadt. Beide sind so grundverschieden, als handele es sich um zwei verschiedene Städte. Wer Berlin nur zu Lande kennt, der kennt es gerade mal zur Hälfte! Erst die Kenntnis der Wasserseite schließt die Lücken.

KAPITEL 2

Die Kleine Umfahrt

»Habt Ihr schon die Kleine Umfahrt gemacht?« Ein Segler vom Müggelsee schüttelt verständnislos den Kopf. »Ihr habt Berlins schönste Ausflugsseite nicht gesehen?« – So ist es immer: Wen man auch trifft, man erhält neue Tips, und jeder findet »sein« Revier besonders lohnenswert.

Tatsächlich ist die sogenannte Kleine Umfahrt – gemeint ist die Tour rund um die Müggelberge – noch einmal mindestens ein bis zwei Tage wert: Wir starten morgens dort, wo die Müggelspree in die Spree übergeht, vis-à-vis der **Köpenicker Altstadt**.

Gleich hinter der Salvador-Allende-Brücke stellen wir den Mast und passieren die idyllische Müggelspree unter Segeln. Dann ziehen schon die modernen Steganlagen des Wassersportzentrums Müggelspree an. Anleger sind hier in einem wunderschönen Restaurant mit Biergarten direkt am Wasser willkommen.

> **Tip:** In diesem mittlerweile wohl größten Wassersportzentrum Berlins gibt es einen sehr guten Service, den der Bootsbauer Karsten Groll unterhält.

Daneben bildet die Segelschule Braun aus, es gibt Yachtcharter (u. a. Dehler, Etap, Linssen), Schiffsausrüster und eine Werft sowie eine Elektroboot-Produktionsfirma, deren wunderschöne Fahrtenschiffe man auch als Chartergast ausgiebig testen kann.

Nebenan hat auch die BBG ihr Gelände, ein Ableger des ehemaligen VEB Yachtwerft Berlin. Die Kanu- und Kajak-Schmiede ist stolz darauf, daß Olympioniken von allen Kontinenten seit Jahrzehnten mehr als 1000 Gold-, Silber- und Bronze-Medaillen mit den schnittigen Sportgeräten gewonnen haben, die hier gebaut wurden.

Kaum einen Kilometer weiter passieren wir die Anleger vom »**Spree-Idyll**«, einer Ausflugsgaststätte mit rustikalen Gerichten, gleich dahinter eine alte Brauerei: Berliner Bürger-Bräu, die Traditions-Biermarke aus Köpenick. Auch hier lohnt das Anlegen: Ein schöner Biergarten ist im Sommer zugleich Einstieg für einen Einkaufsbummel in der Bölsche-straße.

Die Bölschestraße in Friedrichshagen

Sie steht als Ensemble unter Denkmalschutz und war schon zu Kaisers Zeiten ein Publikumsmagnet. Zu DDR-Zeiten wurde das Herz des Bezirks auch als Kudamm des Ostens bezeichnet, weil es dort vieles zu kaufen gab, was sonst in der Republik Mangelware war. Heute hat sich die Bölschestraße zu einem belebten Subzentrum und zur Einkaufsmeile im Südosten Berlins gemausert.

Kultur und Einkaufen – bereits 1753 wurde die heutige Flaniermeile im Auftrag Friedrichs des Großen für 100 Baumwoll- und Seidenspinnerfamilien als »Friedrichstraße« gebaut. Durch die idyllische Lage am Großen Müggelsee und die seit 1849 bestehende Eisenbahnverbindung nach Berlin wandelte sich die Siedlung schnell zu einen beliebten Villenvorort.

Mit dem Reichtum der Gemeinde wuchs auch die Pracht des 1,3 km langen Boulevards. Ihren heutigen Namen erhielt die Straße um die Jahrhundertwende. Pate stand der Kölner Schriftsteller Wilhelm Bölsche, der zu den Gründern des »Friedrichshagener Dichterkreises« gehörte. Heute sind die ursprünglichen Kolonistenhäuser nicht mehr dort, das älteste Haus ist die Nummer 10, gebaut 1820. Auch die Maulbeerbäume stehen nicht mehr. Nur einige kleine Häuser lassen noch erahnen, wie die Straße einmal ausgesehen hat.

Dafür ist seit der Wende schon fast die Hälfte der etwa 100 alten Bürgerhäuser aus dem 19. und frühen 20. Jahrhundert restauriert: Schmiedeeiserne Balkone, kunstvolle Reliefs und Fresken an den Fassaden, Erker, Statuen locken wieder Besucher.

Doch die Pracht hat auch einen Nachteil: Die Mieten steigen. Was wiederum die alte Struktur verändert – im nördlichen Teil der Bölsche, zum Bahnhof hin, stehen die ersten Häuser leer ...

Der Spreetunnel: Ausflugstip für Fußgänger

Wer hier nun schon den Kiel gegen Schusters Rappen getauscht hat, sollte sich noch einen Spaziergang der besonderen Art gönnen: trockenen Fußes, vier Meter unterm Wasser, den 120 Meter langen **Spreetunnel** am Müggelpark in Friedrichshagen durchlaufen. Selbst viele Köpenicker, die regelmäßig diese Möglichkeit zum schnellen Uferwechsel nutzen, wissen nicht, daß das Bauwerk bereits 70 Jahre auf dem steinernen Buckel hat. Denn die Inschrift am nördlichen Eingang »Gebaut und versenkt 1926« ist fast unleserlich, von Farbschmierereien verdeckt. Bis zur Eröffnung des Spreetunnels am 25. Mai 1927 konnten Ausflügler nur mit einer Fähre das gegenüberliegende Ufer erreichen. In den Sommermonaten waren es immerhin 50 000, die die Bootsverbindung nutzten. Bevor der Tunnel fertig war, gab es auf 13 Kilometern zwischen Köpenick und Erkner keine feste Verbindung über die Spree.

Bereits vor dem Ersten Weltkrieg wurde der Bau einer Brücke über die Müggelspree erwogen. Das Vorhaben scheiterte aber am Protest der Berufsschiffahrt und der Wassersportverbände. Grund: die geplante lichte Höhe von acht Metern hätte die Schiffe gezwungen, ihre Schornsteine oder Masten umzulegen. Landschenkung durch die angrenzende Brauerei, damals »Brauerei Friedrichshagen«, und die Bewilligung eines Baukostenzuschusses ermöglichten das Eine-Million-Reichsmark-Tunnelprojekt – eine für Aufsehen sorgende technische Meisterleistung.

Von Januar 1926 an erfolgte die Montage der Röhre durch die Mannheimer Firma Grün & Bilfinger in zwei Teilen. Je 52,9 Meter lang und fünf Meter breit wurden sie über Wasser gefertigt und etwa vier Wochen später, nach Aushärten des Betons, versenkt. Zwischen Ufer und Tunnelsohle besteht ein Höhenunterschied von 8,40 Metern. Diesen zu überwinden führen jeweils 50 Stufen in die Tunneltiefe.

Versuche der Wehrmacht, in den letzten Kriegstagen den Tunnel zu sprengen, konnten dem soliden Bauwerk mit 45 Zentimeter starker Wandung nichts anhaben. Orts-Chronist Rolf Kieshauer: »Der Tunnel wurde nur leicht beschädigt, bereits 1946 konnte er wieder für die Fußgänger freigegeben werden.« Seitdem ist die Unterwasserröhre, die 1990 für 160 000 Mark umfassend instandgesetzt wurde, eine verläßliche Verbindung zum anderen Ufer.

Der Schiffer weiß nichts von dem menschlichen Leben, das unter seinem Kiel die Spree unterquert. Er passiert den Tunnel – und schon ist er im **Großen Müggelsee**.

»Das Ei des Südens« oder »Feuchte Wiese« wird der Müggelsee mitunter liebevoll-despektierlich genannt. Er ist Berlins größter See – und wer sich der hier wirklich zu Recht Spreemetropole genannten Hauptstadt vom Wasser nähert, sollte sich für das ganze Revier schon einige Tage Zeit lassen: Müggelturm und Umgebung lohnen Spaziergänge, die Restaurationen am See sind allemal einen Besuch wert, schon wegen der Küche, vor allem im Sommer und Spätsommer, wenn manch feines Wildbret aus der Decke geschlagen wird, wie im Jägerlatein das Häuten heißt.

Bevor man den Großen Müggelsee über das gut betonnte Fahrwasser verläßt, sollte man noch einmal sein Augenmerk nach links richten:

Ossiland lebt – es ist der Flecken der Familie Schüler, die wohl kleinste Privatparzelle am Müggelsee: ganze 18 Quadratmeter groß. »Ossiland« steht auf zwei Schildern, die an einem großen orangefarbenen Zelt hängen. Fahnen in allen Farben wehen, Blumen blühen. Schiffer, die auf dem Weg vom Großen in den Kleinen Müggelsee die Kelchsecke südlich passieren, werden aufmerksam. Manch einer legt an, um Genaueres zu erfahren. Ossiland fällt auf.

Das merkwürdige kleine Reich auf der Insel Kelchsecke gehört dem Ehepaar Udo (54) und Lonja (48) Schüler aus Köpenick. Lonja erzählt: »1992 und 1993 kamen viele Makler in die Gegend und versuchten, Grundstücke zu kaufen. Mit Videokameras sind die über Zäune geklettert. Da haben wir gesagt: »Die 18 Quadratmeter sind Ossiland – und das kriegen die nicht.«

Ihr Zelt steht zwar schon seit 1991 auf dem Grundstück, das Land gehört ihnen aber erst seit Ende 1994. Schülers sind eingefleischte Campingfreunde. Sie wohnen im Sommer in der Ausflugsgaststätte »Müggelhort«. Von dort fahren sie täglich mit einem kleinen Boot auf die Insel. Mittlerweile sind sie bekannt: Bootsfreunde von München bis Kiel haben ihre Geschenke vorbeigebracht.

In der Saison 1994 kam fast täglich der Ausflugdampfer »MS Reuter« vorbei. Eines Tages stoppte das Schiff, und der Kapitän warf eine Mütze samt Flagge der Stern- und Kreis Schiffahrt herüber. »Immer, wenn er vorbeifuhr, standen wir fortan in jenem Sommer stramm«, sagt Lonja Schüler. Auch Prominente lassen sich von Zeit zu Zeit blicken. Vor einiger Zeit kam der Entertainer Wolfgang Lippert auf ein Bier zu Besuch.

Den Namen Ossiland meinen die Schülers gar nicht so ernst: »Wir haben uns über die Einheit genauso gefreut wie alle anderen. Es sollte nur mal ein Zeichen sein«, erzählt das Camperehepaar. Trotzdem: Die Gastgeschenke sind noch echte Zeugnisse aus alten DDR-Tagen: Glycerinseife (41 Pfennig), ein ATA-Päckchen (13 Pfennig) und ein Alu-Besteck-Set. Echt Ossiland eben!

Weidenwall und Werderchen heißen die beiden Inseln im Langen See in Köpenick.

Hinter »Ossiland« kann man eintauchen in das Revier hinter dem kleinen Müggelsee sowie östlich davon in ein wunderschönes Kanalsystem, das **Neu-Venedig** genannt wird. Und weil sich das wirklich lohnt und auch wieder einen extra Törntag ausfüllt, finden Sie auf den Seiten 81 ff. eine Beschreibung dessen, was dort zu sehen ist (»Törntip: Neu-Venedig«). Sie werden den Tag nicht so schnell vergessen – nicht nur wegen der Restaurants und hübschen Anleger inmitten der malerischen Kolonien, die hier direkt an den Fließen und Kanälen liegen. Übrigens: Neu-Venedig selbst ist ein trockengelegtes Sumpfgebiet, das bis zum Fall der Berliner Mauer ein beliebter Wohnsitz der DDR-Prominenz war.

Bevor wir die Spree weiter in Richtung Dämeritzsee befahren, müssen wir wieder den Mast legen. Wir motoren bis an den **Gosener Kanal**, der kurz vor dem Dämeritzsee nach Süden abzweigt. Durch den Kanal, über **Seddinsee** und

Dahme, um Schmöckwitz herum, mit wiederum vielen Anlegern, sollte man ebenfalls nicht hasten.

Allein der **Lange See** mit seiner Regattastrecke und den vielen kleinen Anlegern, mit Restaurants und Cafés ist zwei Tage – oder mehr – wert.

> **Tip:** Wer von den Ufern aus zu Fuß durch die angrenzenden Ortsteile von Köpenick touren will, kann gegen eine geringe Gebühr u. a. im Yachtclub Wendenschloß an der Niebergallstraße anlegen. Nach wenigen Minuten Fußweg Richtung Norden erreicht man die Fähre F 12, die einen über den Langen See bringt. Von der anderen Seeseite, der Wassersportallee, sind es dann zu Fuß keine fünf Minuten bis zur S-Bahn. Diese fährt nach Süden bis Königs Wusterhausen, nach Norden direkt in die City – zum S-Bahnhof Alexanderplatz und weiter zum Bahnhof Zoo nach Charlottenburg.

Wir fahren noch einmal kurz in den Langen See, also nach Nordwesten, allein um an der Gaststätte »Marienlust« anzulegen, die mit einem weithin sichtbaren Transparent auf ihre Bootsstege aufmerksam macht. Über den Langen See führt auch der Weg zurück nach Köpenick, dem Ausgangspunkt unserer Kleinen Umfahrt.

Nach einer kurzen Rast geht's aber nach Süden weiter. Denn bei Königs Wusterhausen wollen wir von Bord gehen. Hinter der Schmöckwitzer Brücke stellen wir den Mast, auf dieser Reise zum letztenmal: **Zeuthener See** und **Dahme** sind ein herrliches Revier. Im gleichen Atemzug sind der benachbarte **Große Zug** und der **Krossinsee** zu nennen, die allerdings nicht auf unserem Weg liegen. Und wieder: zahllose Anlegestellen, die man nicht benennen muß. Überall ist der Wassertourist herzlich willkommen – ob vor den Wasserrestaurants am Zeuthener See oder in den Gasthäusern und Biergärten der Gemeinden Zeuthen, Eichwalde und Wildau. Ein Service, von dem der Bootsreisende in Berlin nur träumen kann: An fast jedem Steg sind Anleger willkommen,

Übernachten ist an vielen Orten problemlos. Außerdem gibt es hier traumhaft ruhige Ankerbuchten – und wenn Sie um Mitternacht doch plötzlich geweckt werden und denken, Sie hören die Nachtigall trapsen, dann liegen Sie wahrscheinlich goldrichtig: Gerade im Sommer bringen die männlichen Nachtigallen ihren Weibchen besonders gern ein Ständchen ...

Etwa eine halbe Meile vor der **Schleuse Neue Mühle** liegt rechts der Wassersportclub Wildau. Malerisch schmiegen sich die hölzernen Bootsschuppen und das langgestreckte Gesellschaftshaus in eine Bucht der Dahme. Wir sind hier am Ziel unserer Tour. Und können andere Wasserwanderer nur herzlich einladen:

> **Tip:** Wer hier nach langer Fahrt Kraft für die Weiterfahrt über die Dahme und in Richtung Scharmützelsee schöpfen will, dem bietet der Klub – auch wieder gegen geringe Liegegebühr – Plätze mit Wasser und Strom am Steg. Fragen Sie doch einfach mal nach.

Am nächsten Tag werden sich hinter der Schleuse Neue Mühle die Reviere bis zum **Scharmützelsee** eröffnen – eines der schönsten brandenburgischen Seenreviere wartet darauf, auch von Ihnen entdeckt zu werden.

KAPITEL 3

Törntip: Neu-Venedig

Schmale Kanäle winden sich unter weißen Brücken hindurch, Weiden lassen ihre Zweige tief ins Wasser hängen. In den Garagen stehen Boote anstatt Autos. In den Gärten trocknen die Enten ihr Gefieder. Das ist das Sommer-Sonnen-Paradies Neu-Venedig – Idylle pur in **Rahnsdorf**.

Seinen Namen hat der Ortsteil nicht von ungefähr, stößt man doch unweigerlich immer wieder aufs Wasser. Sieben Straßen führen vom Rialtoring in das Labyrinth der kleinen Wasserwege. Fast alle Straßen enden als Sackgasse, Umsteigen aufs Boot erlaubt. Gegondelt wird hier zwar nicht, im Gegensatz zum berühmten Namensgeber in Italien. Doch scheint es, alle Welt ist im Schlauch- oder Paddelboot unterwegs.

Jedes Grundstück hat seine eigene Wassergarage. »Unser Boot ist unsere Fähre. Damit kommen wir am schnellsten zu unseren Freunden und Bekannten an den anderen Kanälen«, sagt Janine Schwarz. Schon kleine Piefkes paddeln mit ihrem eigenen Boot zum nächsten Freund hinüber. Im Winter können die »Venediger« dann häufig zu Fuß über ihre zugefrorenen Kanäle wandern.

Auch Motorboote schlängeln sich durch das grüne Wasser der nur zehn Meter breiten Kanäle.

Achtung: Die sehr geringe Tiefe von teilweise nur einem Meter und ein in Seitenarmen stark verkrautetes Wasser sind für so manche Yacht Grund genug, nicht nach Neu-

Neu-Venedig, Hessenwinkel, ein Fließgebiet der Müggelspree im Südosten von Köpenick, keine Autostunde entfernt von Alex und Kudamm.

Venedig zu fahren. Auch die neun, zum Teil sehr niedrigen Brücken hindern Schiffe mit hohem Freibord oder Aufbauten an der Durchfahrt.

Janine Schwarz genießt mit ihrer kleinen Tochter die idyllische Ruhe. Den ganzen Sommer verbringen sie auf ihrer »Insel« und lassen die Seele baumeln. Zu ihrem Grundstück mit Wassergarage gehört auch die Hälfte des Kanals. »Aber wir haben nichts davon. Wenn wir angeln wollen, müssen wir trotzdem eine Genehmigung einholen«, sagt die junge Frau. Ihnen gehöre nämlich nur der Grund, nicht aber das Wasser. Darüber hinaus müßten sie die freie Durchfahrt gewährleisten – also ran an die Säge, wenn wieder mal einer der alten Bäume ins Wasser gekippt ist.

An den Sommerwochenenden herrscht reger Verkehr auf den Kanälen Neu-Venedigs. In den Gärten wird gewerkelt, wer Zeit hat, genießt die Sonne. Großstädter und Datschen-

Die Anlegestelle vor dem Restaurant Neu-Helgoland in Neu-Venedig. Das Gartenrestaurant am Wasser hat mehrere hundert Plätze – und eine feine Küche.

besitzer flüchten in ihr Wasserparadies, wo leuchtendrote Rhododendren auf giftgrünem »Wimbledon«-Rasen reizvolle Farbakzente setzen.

Übrigens: Den Picknickkorb können Neu-Venedig-Besucher getrost zu Hause lassen. Es gibt ausreichend Anlegemöglichkeiten. Und im Hinterland oder direkt am Wasser nette Kneipen und auch gute Restaurants mit deftiger, preiswerter Küche.

Tip: Das **Restaurant »Neu-Helgoland«**, direkt an der Müggelspree, unweit vom Kleinen Müggelsee gelegen, hat einen großen Garten. Sie dinieren mit Blick auf Ihre Yacht.

Von Land aus erreichen Sie Neu-Helgoland über die Odernheimer Straße. Seit 1897 gibt es das Haus. Auf einer Länge von 100 Metern können Sportboote an den Spundwänden festmachen. Daneben gibt es eine Dampferanlegestelle. Beides gehört seit dem ersten Tag zu dem Traditionsunternehmen.

»Früher lief unser Hauptgeschäft über das Wasser. Wenn wir keinen Steg für die Boote gehabt hätten, gäbe es uns heute nicht mehr«, ist sich die Chefin des Familienunternehmens, Dagmar Tabbert, sicher. Für die Pflege der Stege ist sie selbst zuständig.

Auch heute sieht sie die Bootsstege als absolutes »Muß« für ein Ausflugslokal am Wasser. »Bei manchen Veranstaltungen legen hier die Boote nebeneinander an, dicht bei dicht. Ein tolles Bild«, so die vitale Wirtin. Außerdem »spukken« Dampfer oder die Fähre (F 23) stündlich ihre Menschenströme an der Anlegestelle von Neu-Helgoland aus.

> **Tips:** Auch die benachbarte **Gaststätte »L&B«** bietet ihren Gästen solchen Service, ebenso das **»Spreeheim Schönhorst«** an der idyllisch zwischen Müggelsee und Dämeritzsee gelegenen **Müggelspree**.

1928 wurde das Haus als Ferienheim gebaut – gleich mit Bootsstegen. »Sie werden auch heute gut genutzt, sind aber noch zu wenig bekannt«, sagt Mitarbeiterin Renate Fahrentholz. Zehn Sportboote und vier Fahrgastschiffe können vor dem in einem romantischen Park liegenden Restaurant anlegen.

KAPITEL 4

Impressionen zwischen Berlin und Brandenburg

Wir fahren mit dem Boot den **Jungfernsee** südwärts. Unser Ziel ist die Stadt Brandenburg. Vor uns erhebt sich eine geschichtsträchtige Brücke, über die einst Post- und königlich-preußische Kutschen auf ihrem Weg von Berlin nach Potsdam rollten. Oder von Potsdam nach Berlin. Sie ist natürlich nicht im Original erhalten. Die Kutschen fuhren damals über eine Holzbrücke. Später wurde eine steinerne daraus und erst in jüngster Zeit eine eiserne mit breiter Durchfahrt und großem Bogen. So steht sie noch immer da. Ganze Ausflugsdampferflotten fahren unter ihr hindurch – wir auch. Daß sie 1945 gesprengt wurde, konnte ihre historische Karriere nicht aufhalten. Sie diente im Eisernen Vorhang als Durchreiche für Spione: die **Glienicker Brücke**. Der Törn beginnt: Vor uns liegt **Schloß Babelsberg**, preußisch-romantisch und wie früher ohne Ufermauergrenze – vor uns liegt die **Potsdamer Havel**.

Wir betrachten die Potsdamer Architektur. Vom Fluß aus wird sie zur Skyline. Da ist Schinkels Traum von Rom: die Kuppel der Nikolaikirche, beherrschend, aber nicht überragend. Das besorgt unweit davon ein Hotelbau im Zigarrenkastenstil – ärgerlich! –, Höchst exotisch wirkte sie einst, die Moschee mit ihrem hohen, schlanken Minarett. Jeder weiß es: Das war die Verkleidung für das Pumpwerk, das die Fontänen von Sanssouci betrieb. Heute wirkt es putzig und verloren vor der Kulisse der Hochhäuser, von denen man noch kürzlich annahm, sie würden die neue Zeit repräsentieren.

Glienicker Brücke, Brücke der Einheit, eine Brücke, die Geschichte gemacht hat. Übrigens gibt es auf unterschiedlichen Karten unterschiedliche Angaben über die Durchfahrthöhe.

Wie beruhigend ein Blick aufs gegenüberliegende Ufer mit seinen bewaldeten Hügeln und – hier und da – den alten trutzigen Türmen, die allerdings vorgeben, aus einem anderen, viel früheren Jahrhundert zu stammen. Unsere Groß- und Urgroßväter liebten es nun einmal, längst Vergangenes wiederzubeleben.

Zurück zur Havel. Sie ist Potsdams Dekolleté: offenherzig, einladend, eine Augenweide zwischen Türmen und bewaldeten Hügeln. Und so dient sie vorzugsweise dem lustvollen Vergnügen ihrer zahllosen Verehrer, den Seglern, Rudern, Paddlern, Motorbootfahrern und Dampferfahrgästen. Auf diesem Abschnitt, den man von der Glienicker Brücke an die Potsdamer Havel nennt, verkehren weder Frachtschiffe noch Schubverbände.

Wir lassen Potsdam hinter uns, die Havel weitet sich aus zum **Templiner See** (s. auch Übersichtskarte auf der 2. Um-

Schloß Babelsberg, preußisch-romantisch und wie früher ohne Ufermauer.

schlagseite des Buches) und wird ruhiger. War sie im letzten Abschnitt preußisch, so wird sie nun märkisch. Genaugenommen: havelländisch. Es wird Zeit, Fontane hervorzuholen, denn am Südende des Sees, wo die Havel durch einen schmalen Kanal hindurch muß, liegt **Caputh**, »eines der größten Dörfer der Mark, eines der längsten gewiß«, wie Theodor Fontane auf seinen Wanderungen feststellte. Und die Caputher waren es, die mit ihren Kähnen die Ziegel, die im nahen Glindow gebrannt wurden, flußabwärts nach Berlin, der aufstrebenden Reichshauptstadt, transportierten – ohne Segel, ohne Motor, nur durch Staken.

Eng wird die Havel hier, zu einem Kanal. »Gemünd« nennt man solche Passagen auch. Nun aber weitet sich der Blick, der größte See im Havelland, der **Schwielowsee**, liegt in seiner ganzen Pracht vor uns. Auf ihm pflegte Capuths wohl berühmtester Bürger, Albert Einstein, zu segeln – von Caputh aus ging er aber auch in die USA, ins Exil.

*Karl Friedrich Schinkels
Traum von Rom: die
Nikolaikirche und das
Alte Rathaus in Potsdam.
Vorn: der Anlegekai der
Weißen Flotte.*

Die Orangerie im Schloßpark Sanssouci Potsdam.

Aufgepaßt, ihr Skipper von Kielbooten, so groß er ist und so einladend er aussieht, der Schwielowsee ist südwestlich des Tonnenstrichs extrem flach.

Wenn der Sturm aus Südwest bläst – und der Sturm bläst hier meistens aus Südwest –, geht kein Sportbootfahrer oder Angler, der seinen Verstand beieinander hat, auf den See. Am Südende des sechs Kilometer langen und vier Kilometer breiten Sees liegt **Ferch** mit seiner 1630 erbauten Fachwerkkirche, nach Westen **Petzow** mit seinem Kastellschloß und dem schönen Lenné-Park. Wir aber folgen dem Tonnenstrich des Fahrwassers, ändern unseren Kurs von Südwest nach Nordwest und verlassen den **Schwielowsee** durch eine Enge, über die eine Brücke der Bundesstraße 1 verläuft: **Baumgartenbrück**. Hier stand 1809 Major Ferdinand von Schill und eröffnete seinen Männern vom 2. Brandenburgischen Husarenregiment, daß er den Aufstand gegen Napoleon wagen wolle. Am nächsten Morgen setzten sie

Die Kirche in Geltow.

an dieser Stelle über die Havel. Einen Monat später fanden sie in Stralsund ihr bitteres Ende.

An Steuerbord grüßt die Kirche von **Geltow**, an der anderen Uferseite öffnet sich eine schmale Durchfahrt zum **Glindower See**.

> **Tip:** Am Westufer des Sees liegt **Glindow** mit seinem sehenswerten Ziegeleimuseum.

Zwei Ringöfen und ein achteckiger Turm, der aufs schmuckvollste mit Ziegeln verschiedener Farben gemauert wurde. Doch man sieht kaum etwas davon. Nur Bäume, Bäume, Bäume – verwunschenes Havelufer.

Werder kündigt sich schon von weitem an. Seinen Ursprung hat es auf einer Insel, einem Werder – daher der Name. Auf engstem Raum, so will es scheinen, drängen sich die alten Häuser um eine stattliche dreitürmige spätromanische Kirche, als würden sie Schutz suchen. »Der Dreißig-

Werder an der Havel: Der Morgennebel verzieht sich, und die Sonne schenkt der dreitürmigen spätromanischen Kirche ihr Licht.

jährige Krieg kam wie ein Gewitter, das nicht über den Fluß kam, an Werder vorbei«, schreibt Fontane. Dafür erlebt Werder seit über 100 Jahren alljährlich vom letzten April- bis zum ersten Mai-Wochenende eine andere, obstweinselige Invasion. Eine geschäftstüchtige Idee, die Baumblüte zu einem Volksfest auszubauen.

Tip: Bei der Seglervereinigung Einheit Werder 1952 e.V. wird Gastfreundschaft großgeschrieben, zudem liegt man ganz zentral an der Insel.

Nördlich der Inselstadt und der Eisenbahnbrücke öffnet sich der **Große Zernsee**, und mit abgestelltem Motor bei Havel-Fließgeschwindigkeit von einem Kilometer in der Stunde passieren wir die Autobahnbrücke, das letzte Hindernis bis zur Vorstadtschleuse Brandenburg. Nun können die Segel gesetzt werden, so es die Windrichtung erlaubt. Wir passieren **Phöben**. Noch vier Kilometer Wasserwandern auf einem sich sanft windenden Fluß in scheinbar unberührter Landschaft – dann heißt es wieder, hellwach zu sein.

Wir treffen auf den **Sacrow-Paretzer-Kanal**, der die Havel am Jungfernsee nördlich von Potsdam verlassen hat und zwölf Kilometer schnurgerade durch die Landschaft gelaufen ist und damit seine Funktion als Abkürzung für die Frachtschiffahrt erfüllt.

Nun sehen wir sie wieder, die Frachtschiffe von bis zu 85 Meter Länge und die Schubverbände, die bis zu 156 Meter lang sein können. Der Freizeitfluß ist wieder zum Arbeitsfluß geworden. Die Größe der Schiffe soll weiter zunehmen. Nach dem Ausbau-Projekt 17 soll die 280 Kilometer lange Wasserstraße von Hannover nach Berlin für Europaschiffe von 110 Meter Länge ausgebaut werden, das heißt größere Tiefe, Begradigung, Verbreiterung des Fluß- oder Kanallaufs und Anhebung aller Brücken. Für die mäandernde Havel ein nicht wiedergutzumachender und naturzerstörerischer Schaden. Vielschichtiger Widerstand hat sich formiert.

Doch zurück zur Natur. In beruhigender, wohltuender Einförmigkeit zieht das Havelufer vorüber. Wälder, Luche, Wiesen, Weidengesträuch und wieder Wälder. Augenscheinlich ein Paradies für Vögel: Bleßhühner, Haubentaucher, Stockenten, Graugänse, Fischreiher, Kormorane. Zeitweilig wirkt die Natur unberührt.

Natürlich erscheint das nur so, denn der kirchturmhohe Silo des Kraftfuttermischwerkes **Ketzin** und die Mülldeponie **Deetz** stören diese Idylle, aber nicht anhaltend. Denn ab Ketzin verändert sich die Havel. Gleicht die Potsdamer Havel einer Seenkette, so ist die **Havel von Ketzin bis Brandenburg** ein Geflecht, ein Gewirr von Flußarmen. Da gibt es unter anderem die Ketziner Havel, die Schmergendorfer Havel, die Kirchhofshavel, die Fliederhavel, die Kleine Havel, die Enge Havel. Und alle bilden eine Unzahl von Inseln und Inselchen: Burgwallkaveln, Budüren, Schilfohr, Arkenbude, Lange Reihe, Bullen Ohr und wie sie alle heißen.

Die Romantik hat am Flußkilometer 55 ihr Ende. Vor uns liegt die **Vorstadtschleuse Brandenburg**. Da heißt es erst einmal warten. Die Berufsschiffahrt hat Vorrang.

Kleinere Sportboote mit einer Höhe unter 2,8 m müssen bereits am Kilometer 54,3 über den Brandenburger Stadtkanal durch die Stadtschleuse fahren, da die Vorstadtschleuse im allgemeinen für Sportboote gesperrt ist.

Gleich hinter der Schleuse beginnt an Steuerbord jener langgestreckte See, der allein deshalb berühmt wurde, weil er zum Schauplatz einer Legende wurde, die aus einem vom Leben und der eigenen Unzulänglichkeit Gebeutelten einen liebenswerten Typen macht, und das durch ein einziges Lied. Nein, **Fritze Bollmann** ist nicht im **Beetzsee** ertrunken, er starb an Krebs. Er war Frisör. Vielleicht hat er tatsächlich geangelt – ab und zu, mit Sicherheit hat er getrunken – nicht nur ab und zu. Ein Geschäftemacher hat Kinderspottverse, und dazugedichtete, auf Postkarten drucken lassen. So wurde Fritze Bollmann zum »Volkshelden«.

Ketzin an der Havel: Überall Flußarme und Kanäle – aber Vorsicht, mitunter beträgt die Wassertiefe weniger als einen Meter.

Die Berufsschiffahrt nimmt den geraden Weg durch den Silokanal, der für den Sportbootverkehr gesperrt ist. Wir folgen der Havel nach Backbord in den **Kleinen Beetzsee**. An seinem Ende liegt der idyllische Sportboothafen der Sportgemeinschaft Einheit e.V. nahe der Dominsel. In deren Schifferklause ist der Wasserwanderer immer gern gesehen und wird von Familie Haider freundlich bewirtet.

Die Havel fließt weiter durch die Stadt Brandenburg. Schöne und romantische Ausblicke auf alte, teils verfallene Häuser, verschachtelte Schuppen, alte Schuten und Schlepper an den Ufern. Die Havel, sie heißt nun **Brandenburger Niederhavel**, fließt südlich der Stadt durch ein Spalier von Uferbäumen. Nach fünf Kilometern erreicht sie das **Plauer Gemünd**. Wir blicken auf eine große Wasserfläche: den **Breitling**-, den **Plauer** und den **Möserschen See**. Die drei Seen sind miteinander verbunden, bilden ein ideales, auch landschaftlich reizvolles Segelrevier.

KAPITEL 5

Weitere Törntips

Die »Große Umfahrt«

Sehr schön ist die schon zu DDR-Zeiten so genannte »Große Umfahrt« (s. auch Kartenskizze auf Seite 73). Start zu dem 44 Kilometer langen Törn ist in **Köpenick**. Man fährt die Dahme flußaufwärts, vorbei an Grünau in den **Langen See**, die Regattastrecke entlang. An der Brücke von Schmöckwitz biegt man nach Süden in den **Zeuthener See**, passiert Zeuthen, um nach vier bis fünf Kilometern nach links in den **Großen Zug** einzulaufen (Rauchfangswerder bleibt linker Hand liegen). An Ziegenhals und der sehenswerten Ernst-Thälmann-Gedenkstätte vorbei führt die Fahrt in den **Krossinsee**, dort bis Wernsdorf und in den **Oder-Spree-Kanal**, weiter über den **Seddinsee** und **Gosener Kanal** in den **Dämeritzsee**. Durch **Müggelspree**, **Kleinen Müggelsee** und den **Großen Müggelsee** in die **Spree** und an Friedrichshagen vorbei fährt man zurück nach **Köpenick**.

Tip: Der **Spreewald**, von der UNESCO zum Biosphärenreservat und zum Weltkulturerbe erklärt: 300 Wasserarme und Kanäle, fast 1000 Kilometer mit dem Kahn schiffbar. Lagunenartige Städte, reetgedeckte Restaurants, besonders feine Fisch- und Gemüsespezialitäten sowie Gurkenrezepte. **Informationen** für Touristen beim Fremdenverkehrsverband Lübben und Umgebung e.V., Lindenstraße 14, 15907 Lübben, Tel.: 03546/3090 oder 2433.

Wo ist das? Karibik? Von wegen: Im Herzen der Hauptstadt kön-nen Sie solche Bilder sehen. Jeden Tag. Sie müssen nur wissen wo. Hier zum Beispiel am Langen See in Köpenick.

Archipel Berlin

Wenn der Berliner sagt: »Ich bin reif für die Insel«, zieht es ihn nicht unbedingt nach Mallorca, Ibiza oder Teneriffa. Denn allein in Berlins Flüssen und Seen »schwimmen« ins-gesamt 35 Eilande. Einige haben über Jahrhunderte ihren festen Platz in der städtischen Infrastruktur gefunden, haben als Stadtteile, Gewerbegebiete oder Kulturoasen ihr insula-res Flair fast verloren. Andere liegen noch immer in sicherer Entfernung vom Festland, sind nur mit einem Boot zu errei-chen. Sie bieten Liebespaaren und Großstadtrobinsons einen Ort des ungestörten Verweilens.

Die bekannteste Insel im Strom ist die 1,5 Kilometer lange, etwa 40 Hektar große **Spreeinsel** zwischen Spree und Mär-kischem Ufer in Mitte. Sie gehört zu den ältesten Siedlungs-gebieten der Stadt. Ihr Südteil heißt **Fischerinsel**, ihr Nordteil Museumsinsel. Eine weitere Insel in der City ist die sechs

*Inseln. Es gibt Dutzende – hier das Panorama mit der Insel Has-
selwerder im Tegeler See in Reinickendorf.*

Hektar große **Lohmühleninsel** zwischen Spree, Landwehrkanal und Flutgraben in Kreuzberg.
Auch die **Köpenicker Altstadt** liegt wasserumflossen im
Mündungsbereich der Dahme in die Spree. Ihr ist im Süden
die **Schloßinsel** vorgelagert. Nördlich davor liegt die unbe-
siedelte **Baumgarteninsel**.
Besonderes attraktiv für Besucher sind die **Insel der Jugend**
am Treptower Park mit Freilichtbühne und Badestrand und
die größte Insel Berlins, die 60 Hektar große **Pfaueninsel**.
Weithin sichtbar ragt dort der Turm des Schlosses aus dem
Naturschutzgebiet in der seenartig verbreiterten Havel
nördlich des Düppeler Forstes hervor. Nordöstlich davon,
am Eingang zum großen Wannsee, durch eine Brücke mit
dem Festland verbunden, liegt **Schwanenwerder** – ein im
19. Jahrhundert mit herrschaftlichen Villen bebautes Fleck-
chen.

Inmitten des **Tegeler Sees** in Reinickendorf »treibt« der 20 Hektar große **Scharfenberg**, seit 1921 Sitz der Schulfarm Insel Scharfenberg.

Im südlichen Teil der Oberhavel erstreckt sich auf 14 Hektar **Eiswerder** mit überwiegend Gewerbeansiedlung. Rund um die mit beiden Havelufern verbundene Insel soll in den kommenden Jahren die Wasserstadt Oberhavel (s. Seite XXX) entstehen.

Außer den von natürlichen Flußläufen gebildeten Eilanden gibt es noch einige kleinere Inseln in Seen städtischer Parkanlagen wie die Rousseau- und Luiseninsel im Großen Tiergarten oder die Luiseninsel im Park des Schlosses Charlottenburg.

Zu den kleineren Atollen zählen

- **Im Seddinsee:** Berg, Dommelwall, Nixenwall, Kleiner Seddinwall, Seddinwall, Weidenwall und Werderchen.
- **Im Zeuthener See:** Zeuthener Wall.
- **Im Langen See:** Kleiner Rohrwall, Großer Rohrwall und Rohrwallinsel.
- **In der Spree:** Bullenbruch, Kratzbruch und Liebesinsel.
- **In der Havel:** Großer und Kleiner Wall, Pionierinsel, Lindwerder, Imchen (steht unter Naturschutz) und Kälberwerder.
- **Im Tegeler See:** Hasselwerder, Lindwerder, Reiswerder, Baumwerder, Valentinswerder und Mainwerder.

Berlin – Groß-Berlin – Berlin

(Ein Törn durch die politischen Strukturen)

Berlin – gibt es das überhaupt? Die Stadt ist, aus der Nähe betrachtet, ein Flickenteppich. Kein auch nur halbwegs einheitliches Gebilde, das man als Ganzes fassen kann. Das ländlich-gutbürgerliche Dahlem, das idyllische Hessenwinkel – sie sind weit mehr als die tatsächlichen paar Kilometer

Luftlinie von Sanierungsgebieten in Prenzlauer Berg, Miets-
kasernen in Wedding oder Plattenbausiedlungen in Marzahn
entfernt.

Touristen (und Berliner!), die zum erstenmal nach Malchow
oder Lübars kommen, sagen oft: »Hier ist es ja wie auf dem
Land. Man hat gar nicht das Gefühl, in Berlin zu sein.« Aber
Berlin ist eben nicht nur Kneipenszene am Kollwitz- und
Ludwigkirchplatz, Theater am Kudamm und weltstädtische
Geschäftigkeit in der Friedrichstraße.

Genau genommen muß man nicht einmal den augenfälli-
gen Gegensatz zwischen City und Dorf am Stadtrand be-
mühen. Auch mitten in der Stadt gibt es Viertel, die einen
ganz eigenen Charakter in Aufbau, Architektur und Flair
aufweisen, so zum Beispiel Gebiete im Westteil der Stadt, an
denen selbst der Fall der Mauer scheinbar spurlos vorüber-
gegangen ist – Sieg des Alltags über die große Geschichte.
Wer will entscheiden, welcher Kiez »berlinischer« ist als
der andere? Eines ist jedoch unbestritten: Mehr als jede andere Stadt in Deutschland vereint Berlin eine Fülle unterschiedlicher, teilweise gegensätzlicher Stadtlandschaften und
Lebensformen. Ein wesentlicher Grund dafür ist, daß Berlin
in seiner heutigen Gestalt ein relativ junges Gebilde ist.

Erst vor gut 75 Jahren – am 1. Oktober 1920 – wurde aus
der preußischen Stadt Berlin eine echte Metropole: damals
die flächenmäßig größte der Erde; bezüglich der Einwohnerzahl mit etwa 3,8 Millionen auf Platz drei hinter New
York (damals 5,6 Millionen) und London (4,5 Millionen).
Berlin – oder, wie man damals sagte, »Groß-Berlin« – entstand durch das »Gesetz über die Bildung einer neuen Stadtgemeinde Berlin«, das am 27. April 1920 von der verfassungs-
gebenden preußischen Landesversammlung beschlossen
wurde und am 1. Oktober jenes Jahres in Kraft trat.

Bis dahin hatte Berlin nur das Gebiet der heutigen Innen-
stadtbezirke Mitte, Tiergarten, Wedding, Prenzlauer Berg,
Friedrichshain und Kreuzberg umfaßt. Nun kamen sieben
bisher eigenständige Städte, 59 Landgemeinden und 27 Gutsbezirke hinzu.

Der Landwehrkanal (hinten links die Matthäikirche im Kultur-viertel) hat als Wasserweg kaum seine Bedeutung für die Stadt eingebüßt.

Die **Städte** waren Charlottenburg, Köpenick, Lichtenberg, Neukölln, Schöneberg, Spandau und Wilmersdorf.

Die **Landgemeinden** – und diese Aufzählung ist vollzählig – hießen Adlershof, Altglienicke, Biesdorf, Blankenburg, Blankenfelde, Bohnsdorf, Britz, Buch, Buchholz, Buckow, Falkenberg, Friedenau, Friedrichsfelde, Friedrichshagen, Gatow, Grünau, Grunewald, Heiligensee, Heinersdorf, Hermsdorf, Hohenschönhausen, Johannisthal, Karow, Kaulsdorf, Kladow, Lankwitz, Lichtenrade, Lichterfelde, Lübars, Mahlsdorf, Malchow, Mariendorf (mit Südende), Marienfelde, Marzahn, Müggelheim, Niederschöneweide, Niederschönhausen, Nikolassee, Oberschöneweide, Pankow, Pichelsdorf, Rahnsdorf, Reinickendorf, Rosenthal, Rudow, Schmargendorf, Schmöckwitz, Staaken, Steglitz, Stralau, Tegel, Tempelhof, Tiefwerder, Treptow, Wannsee, Wartenberg, Weißensee, Wittenau und Zehlendorf.

Die **Gutsbezirke** (es ist korrekt, daß die Namen mancher

Hunderte von Zentren und Subzentren – wie hier der Technik-Markt Saturn in Mitte – prägen das Bild der Dienstleistungsmetropole.

Gutsbezirke identisch sind mit Namen von Landgemeinden) waren Berlin-Schloß, Biesdorf, Blankenburg, Blankenfelde, Buch, Köpenick-Forst, Dahlem, Falkenberg, Frohnau, Grünau-Dahmer Forst, Grunewald-Forst, Heerstraße, Hellersdorf bei Wuhlgarten, Glienicke, Malchow, Niederschönhausen mit Schönholz, Pichelswerder, Pfaueninsel, Plötzensee, Potsdamer Forst (nördlicher Teil bis Griebnitzsee und Kohlhasenbrück), Berlin-Rosenthal, Spandau-Zitadelle, Jungfernheide (Nord und Süd), Tegel-Forst-Nord, Tegel-Schloß, Wartenberg, Wuhlheide.

Mit diesen Eingemeindungen wurde nicht nur die Einwohnerzahl Berlins von 1,9 auf 3,8 Millionen verdoppelt. Die Zusammenfassung von nahezu 100 Städten und Dörfern zu einer Einheitsgemeinde ist eines der entscheidenden Ereignisse in der Geschichte Berlins und seiner Entwicklung zur Weltstadt. Gleichzeitig wurde die Grundlage für eine Verwaltung dieses riesigen Kuchens aus völlig unterschiedlichen Zutaten geschaffen, die bis heute Bestand hat. Mehr noch: Die Grundsätze dieser Verwaltung haben sich über Jahrzehnte bewährt.

Vor 1920 herrschte das, was der spätere Reichsinnenminister Hugo Preuß »kommunale Anarchie« nannte. Zwar war Berlin mit seinen Vororten auch schon vor 1920 ein zusammenhängender Wirtschaftsraum, von einer abgestimmten Verwaltung konnte jedoch keine Rede sein. Zahllose Verordnungen und Vorschriften der einzelnen Gemeinden sowie aufgesplitterte Zuständigkeiten behinderten selbst simpelste Projekte, etwa das Verlegen ortsüberschreitender Leitungen. Bei den öffentlichen Verkehrsmitteln gab es keinen Einheitstarif. 43 Gas- und Elektrizitätswerke, mehr als 50 Kanalisationsbetriebe werkelten im Großraum Berlin nebeneinander her, blockierten sich nicht selten gegenseitig. Die Gründung eines Zweckverbandes 1912 bot nur eine halbherzige Lösung: Zum einen umfaßte er lediglich Berlin, Neukölln, Charlottenburg, Lichtenberg, Schöneberg, Wilmersdorf und Spandau sowie die Landkreise Teltow und Niederbarnim, zum anderen gehörten zu seinen Aufgaben nur Verkehrswesen, Bau- und Freiflächenplanung.

Die Einheitsgemeinde Berlin sollte mehr bieten. Ihre Befürworter, wie etwa der Schöneberger Oberbürgermeister Alexander Dominicus (DDP) und vor allem die Sozialdemokraten, forderten zentrale Verwaltungsbehörden und eine direkt gewählte Bürgervertretung.

Ablehnung kam insbesondere aus den relativ gutbetuchten, bürgerlich geprägten Gemeinden an der westlichen Peripherie Berlins, etwa vom Charlottenburger Oberbürgermeister Ernst Scholz. Das hatte neben finanziellen Gesichtspunkten des Lastenausgleichs auch politische Gründe – die Angst, in einem »roten« Berlin unterzugehen.

Der Verabschiedung des »Groß-Berlin-Gesetzes« gingen, wie nicht anders zu erwarten, entsprechend jahrelange politische Auseinandersetzungen voraus: SPD und USPD traten für eine zentralistisch organisierte Einheitsgemeinde ein, der

Machtschwerpunkt im künftigen Berlin sollte beim Magistrat und der Stadtverordnetenversammlung liegen. Die bürgerlichen Parteien hingegen wollten die (finanzielle) Selbständigkeit der Einzelgemeinden erhalten und einen Zusammenschluß nur für bestimmte Aufgabenbereiche zulassen. Heftig gestritten wurde auch über die Ausdehnung der neuen Stadt.

Das Preußische Innenministerium änderte schließlich 1919 seinen Gesetzentwurf: Es erweiterte das Stadtgebiet. Außerdem erfuhren die 20 Bezirke, in die das künftige Groß-Berlin gegliedert werden sollte, gegenüber der Zentralverwaltung eine Aufwertung. Schließlich wurde der Entwurf in der Preußischen Landesversammlung mit den Stimmen der USPD, SPD sowie eines Teils der DDP angenommen – mit 165 gegen 148 Stimmen allerdings äußerst knapp.

Nur fünf Monate blieben, um die Einführung des Gesetzes vorzubereiten. Grundlage für den Aufbau der neuen Stadtgemeinde bildete die »zweistufige Verwaltung« aus Bezirken und Magistrat. Letzterer bestand aus 30 Mitgliedern. Stadtoberhaupt war der Oberbürgermeister, der wie die übrigen Magistratsmitglieder von der Stadtverordnetenversammlung (225 Sitze) gewählt wurde.

Der Zentralverwaltung untergeordnet waren die 20 Verwaltungsbezirke. Sie wurden analog der Zentrale ausgestattet: Jeder Bezirk bekam ein Bezirksamt mit Bezirksbürgermeister und Stadträten sowie eine Bezirksversammlung. Die Bezirksämter galten als »ausführende Organe« des Magistrats, besaßen nur eine eingeschränkte Selbständigkeit. Sie hatten zwar ein Mitspracherecht bei der Aufstellung der Haushaltspläne, verfügten aber über keine Finanz- und Steuerhoheit.

Das Gebiet der alten Stadt Berlin wurde in sechs Bezirke unterteilt: Mitte, Tiergarten, Wedding, Prenzlauer Tor (ab 1921 Prenzlauer Berg), Friedrichshain und Hallesches Tor (ab 1921 Kreuzberg). Die ehemals eigenständigen Städte Charlottenburg, Köpenick, Lichtenberg, Neukölln, Schöneberg, Spandau und Wilmersdorf bildeten ebenfalls je einen Be-

Und immer wieder lockt die Idylle: zwischen den Bezirken, die andernorts große, selbständige Städte wären, entfaltet sich Natur – quasi quer durch die Stadt ziehen sich die »Stadtrandlagen« der Bezirke.

zirk, bekamen noch Landgemeinden und Gutsbezirke zugeschlagen.

Die übrigen sieben Verwaltungsbezirke – Zehlendorf, Steglitz, Tempelhof, Treptow, Weißensee, Pankow und Reinickendorf – wurden ausschließlich aus Landgemeinden und Gutsbezirken zusammengeschmiedet. Diese 20 Bezirke unterschieden sich in ihrer Größe und Bevölkerungszahl sehr stark voneinander. Im gut 52 Quadratkilometer großen Zehlendorf lebten nur 44 000 Menschen (845 Einwohner/qm), im lediglich 8,8 Quadratkilometer kleinen Friedrichshain dagegen 336 000 (38 220 Einwohner/Quadratmeter).

Die Berliner Verwaltung erfuhr in der Spätphase der Weimarer Republik, der Nazizeit und auch in den Jahren der Teilung einige Veränderungen. Wesentliche Strukturmerkmale bestehen jedoch auch heute noch bzw. wieder: die Einteilung der Stadt in Verwaltungsbezirke, die Bezirksämter und Bezirksverordneten-Versammlungen, der jetzt Senat genannte Magistrat und das Abgeordnetenhaus (die frühere Stadtverordnetenversammlung), die zweistufige Verwaltung.

Sieht man von einigen leichten Grenzverschiebungen ab, blieben die 20 Berliner Bezirke in ihrem Flächenbestand bis Ende der siebziger Jahre nahezu unverändert. Im Zusammenhang mit dem Bau großer Wohnsiedlungen im Nordosten der Stadt wurde 1979 aus Teilen von Lichtenberg und Weißensee der neue Bezirk Marzahn geschaffen. Als weitere Neubaubezirke kamen 1985 Hohenschönhausen und 1986 Hellersdorf hinzu. Nun also besteht Berlin aus 23 Bezirken. Deren Einwohnerzahlen weisen auch heute noch starke Unterschiede auf, reichen von 54 000 (Weißensee) bis 315 000 (Neukölln).

Verändert hat sich auch die Größe der Bezirksämter: Seit der Wahl 1995 besteht jedes Bezirksamt nur aus fünf Mitgliedern (Bezirksbürgermeister und vier Stadträte). Die Größe der »Bezirksparlamente«, die seit 1950 Bezirksverordnetenversammlungen heißen, ist seit 1992 einheitlich für alle Bezirke auf 45 Mitglieder festgesetzt.

Geblieben ist dagegen der Rechtsstatus der Bezirke: Sie sind immer noch Teile der Verwaltung, haben weder eigene Rechts- noch Finanzhoheit, bekommen ihre Etats von der Senatsfinanzverwaltung zugeteilt. Nach einer Änderung des Haushaltsrechts haben die Bezirksämter zwar heute theoretisch die Möglichkeit, selbst Schwerpunkte in ihren Etats zu setzen, doch macht de facto die Haushaltsmisere alle politischen Gestaltungsmöglichkeiten zunichte.

In einem ehrgeizigen Großprojekt wird die Berliner Verwaltung zur Zeit reformiert. Die Ämter sollen zu modernen Dienstleistungsbetrieben umgestaltet werden, die Mitarbeiter größere Entscheidungskompetenz erhalten. Damit einher geht ein erheblicher Abbau von Planstellen. In den Bezirksämtern ist diese Reform wesentlich weiter fortgeschritten als in den Senatsverwaltungen – Dauerstreitpunkt zwischen Senat und Bezirken.

Im Zuge der Verwaltungsreform plant der Senat auch eine Gebietsreform: Die Zahl der Bezirke soll auf 18, möglicherweise sogar auf 12 reduziert werden. Damit will der Senat eine dreistellige Millionensumme pro Jahr sparen. Ob diese

*Die Technische Universität unterhält in Tiergarten am Landwehr-
kanal diese Schiffahrtversuchs-Röhre, in der u. a. Strömungstests
gemacht werden.*

Rechnung seriös ist, darüber gehen die Meinungen allerdings weit auseinander. Auch bezüglich der Kardinalfrage,
ob eine Gebietsreform überhaupt politisch durchsetzbar ist,
herrscht Uneinigkeit.
Unbestritten ist jedoch, daß sich die meisten Berliner sehr
stark mit ihren Bezirken identifizieren, sich eher als Steglitzer,
Spandauer oder Tempelhofer fühlen denn als Berliner. Selbst
die Namen der alten Landgemeinden und Gutsbezirke sind
noch lebendig. Sie finden sich als Ortsteilnamen auf jedem
Stadtplan, im alltäglichen Sprachgebrauch und vor allem in
den Herzen der Menschen dieser Stadt.

Tips: Wer sich noch eingehender mit dieser Thematik be-
fassen möchte, dem seinen zwei Publikationen empfolen.
Andreas Splanemann: Wie vor 70 Jahren Groß-Berlin
entstand (Berliner Forum 3/90, hg. vom Presse- und In-
formationsamt des Landes Berlin), Berlin, 1990.
Jörg Meißner: Von einem Tag auf den anderen wurden
Dörfer Teile einer Weltstadt, in: Berliner Morgenpost,
8. April 1987.

Bezirke, die nicht am Wasser liegen

Törntips, die in keinem Wasserwanderführer stehen, wollen wir Ihnen hier dennoch nicht vorenthalten. Es ist ja nicht so, daß Wassersportler nur auf dem eigenen Kiel ihr Glück finden und nicht über die Kaimauer hinwegsehen können. Also – einige Zahlen und Fakten zu den nordöstlichen Berliner Bezirken. Sie sind zwar nicht unmittelbar an eine Wasserstraße angebunden, aber Sehenswürdigkeiten gibt es dort allemal – und dies nicht nur auf den und um die innerstädtischen Seen, wie Weißer See in Weißensee oder Orankesee in Hohenschönhausen. Außerdem sind historische Entwicklungen Berlins, der Wandel zur neuen, alten deutschen Hauptstadt unvollständig beschrieben, wenn man sich drei Bezirke nicht angeschaut hat, deren Bildung wegen

Hausboote in einem Stichkanal an der Straße des 17. Juni: Hier kann der Skipper festmachen, der einen Exkurs in die »wasserarmen« Bezirke plant.

der Entstehung gewaltiger Neubaugebiete im Ostteil notwendig wurde: Hohenschönhausen, Marzahn und Hellersdorf.

Hohenschönhausen – Zahlen und Fakten

- Hohenschönhausen wurde 1985 aus den ehemaligen Weißenseer Ortsteilen Wartenberg, Falkenberg, Malchow und Hohenschönhausen gebildet.
- Die vier ehemaligen Dörfer fanden im 13. Jahrhundert erstmals urkundliche Erwähnung.
- Die Gesamtfläche des Bezirks beträgt 26 km^2.
- In Hohenschönhausen leben zur Zeit etwa 120 000 Einwohner, das entspricht der überdurchschnittlichen Bevölkerungsdichte von 4 500 Einwohnern pro km^2. Das Durchschnittsalter liegt bei 30 Jahren (zum Vergleich: Berlin – etwa 39 Jahre).
- Der Bezirk gehört zu den kinderreichsten Kommunen Deutschlands.
- Im Norden des Bezirks entstanden zwischen 1984 und 1990 auf einer Fläche von 330 Hektar 31 000 Wohnungen.
- Die Hohenschönhausener Schulkinder büffeln in 36 Schulen, die Kleinsten werden in 104 Kitas betreut.
- Die kulturellen Wünsche werden unter anderem von vier Galerien, fünf künstlerischen Werkstätten und sieben Bibliotheken erfüllt.
- Der Bezirk hat eher Seen als fließende Gewässer zu bieten: den Orankesee zum Beispiel, in dem Mutige im Winter eisbaden, den Obersee und den Malchower See.

Marzahn – Zahlen und Fakten

- Erste urkundliche Erwähnung findet der heutige Bezirksname im 13. Jahrhundert als Name eines damaligen Ortes. Im Landbuch von Kaiser Karl IV. ist das Dorf »Morczane« eingetragen.

- Nach dem Bau der Großsiedlung in den 70er Jahren wird Marzahn 1979 Berliner Bezirk.
- Auf einer Fläche von 31 km² leben in Marzahn rund 162 000 Menschen in 65 000 Wohnungen. 60 000 davon sind Neubauwohnungen.
- Der Bezirk läßt sich in drei Gebiete mit unterschiedlicher Struktur aufteilen: So liegen die Wohngebiete in der Mitte, Industrie und Gewerbe im Westen und Erholungs- sowie Freizeitstätten im Osten Marzahns.
- In Marzahn beträgt der Ausländeranteil 2,3 Prozent.
- In 63 Schulen lernen Kinder und Jugendliche, die Kleinsten tummeln sich in 73 Kindertagesstätten. Für die Freizeit stehen unter anderem acht Bilblitoheken, zwölf Jugendklubs und eine Musikschule zur Verfügung.
- Marzahn wird nur im Norden und an der Grenze zum Bezirk Hellersdorf von der Wuhle durchflossen.

Die Charlottenburger Brücke mit einem Flügel des Charlottenburger Tores am Landwehrkanal –davor das in Berlin unvermeidliche Schild: Festmachen und Ankern verboten. Die Hauptstadt tut sich noch schwer …

Hellersdorf – Zahlen und Fakten

- Auf 28,1 Quadratkilometern leben etwa 136 500 Hellersdorfer.
- Der Bezirk besteht aus dem Neubaugebiet und den historischen Ortsteilen Hellersdorf, Mahlsdorf und Kaulsdorf, die bereits im 13. Jahrhundert urkundlich erwähnt wurden.
- Als 11. Ostberliner Bezirk wurde Hellersdorf am 1. Juni 1986 durch Eingliederung eines Teiles von Marzahn gebildet.
- Im Herbst 1979 wurde in Kaulsdorf Nord der Grundstein für das Neubaugebiet gelegt.
- Mit einem Durchschnittsalter von 28 Jahren ist Hellersdorf der »jüngste« Bezirk Berlins (Zum Vergleich: Im Ostteil liegt das Durchschnittsalter bei 36, im Westteil bei 40 Jahren).
- Im Bezirk gibt es mehr als 46 000 Wohnungen.
- Mit 26,6 m^2 pro Person haben die Hellersdorfer laut Statistik die größte durchschnittliche Wohnfläche im Ostteil Berlins.
- Jeder zweite Hellersdorfer besitzt die Hochschulreife, 46 Prozent haben einen Universitäts- oder Fachschulabschluß.
- Wie Sprenkel liegen Teiche und Seen über den Bezirk verteilt: Fischteich und Beerenpfuhl, Schlei- und Krepppfuhl sowie die Seen im Eichwaldgraben, der Butzer See, der Habermannsee und der See im Elsengrund.

Lichtenberg – Zahlen und Fakten

- Erstmals urkundlich erwähnt wurde Lichtenberg im Jahr 1288.
- Die Einwohnerzahl beträgt rund 168 000.
- Bevölkerungsdichte: 6327 Einwohner pro km^2 (Berlin gesamt: 3 800).
- Fläche: 26,4 km^2.

- Mit 11,5 km^2 Parks und Grünanlagen sowie 2,6 km^2 Forst ist Lichtenberg ein »grüner« Bezirk.

Pankow – Zahlen und Fakten

- In diesem Bezirk leben 109 000 Einwohner.
- Ein Großteil der 62 km^2 Fläche ist von Wald, Wiese oder Ackerland bedeckt und damit Baulandreserve.
- Pankow wurde erstmals 1311 in einer markgräflichen Urkunde erwähnt.
- Alte Dorfkerne sind bis heute erhalten, zum Beispiel in Rosenthal und Blankenfelde, aber auch in Buchholz, das gerade sein 750jähriges Jubiläum feiert.
- Nur schmale Flüßchen durchziehen den Bezirk Pankow: im Norden der Nordgraben und die Neue Panke, im Süden die Panke.

Schöneberg – Zahlen und Fakten

- Schöneberg ist als einziger Westbezirk überhaupt nicht ans Netz der Wasserstraßen angebunden. Es gibt dort lediglich ein paar kleine Tümpel in Parks.
- Der Bezirk hat knapp 156 000 Einwohner. Über 20 Prozent davon sind Ausländer.
- Schöneberg umfaßt eine Fläche von 12,3 km^2.
- Hinter Prenzlauer Berg verfügt der Bezirk über die kleinste Wasserfläche: 2 Hektar.
- Waldflächen fehlen.

Tips für Ferntörns

51,7 km^2 Wasserfläche hat Berlin – allein 180 Kilometer für Güterverkehr schiffbare Wasserstraßen. Nicht umsonst also gilt die Binnenmetropole und einstige Hansestadt als Wasserstadt: Havel und Spree fließen durch die Stadt und eine Vielzahl von Kanälen durchziehen sie. Aber das ist nicht alles. In erreichbarer Nähe befinden sich Elbe und Oder, zwei Ströme mit europäischer Bedeutung für die Schiffahrt.

Wer in Berlin ins Boot steigt, ist nicht auf den Nordosten von Deutschland festgelegt. Ob die Fahrt zum Mittelmeer oder zum Schwarzen Meer gehen soll, alles ist möglich.

Ein Törn solchen Ausmaßes setzt allerdings entsprechendes Bootsmaterial mit einer adäquaten Ausrüstung voraus, außerdem ein gewisses Maß an schiffahrerischer Erfahrung und nicht zuletzt – genügend Zeit.

Auf jeden Fall ist eine Bootsreise von Berlin an den Rand Europas keinesfalls nur ein Gedankenspiel. Solcherart Urlaub auf dem Boot wird praktiziert – und die ihn sich gegönnt haben, hatten anschließend viel zu erzählen. Von der stumm genossenen, Seelenfrieden stiftenden Wirkung ganz zu schweigen.

Auch wenn es für die meisten nur eine Möglichkeit bleibt, die man schließlich anderen überläßt – der Gedanke fasziniert: auf eigenem Kiel über Magdeburg – Hannover – Köln – Bonn – Mannheim nach Basel und weiter nach Lyon und auf der Rhône schließlich ins Mittelmeer. Oder wen der Balkan lockt: über Bamberg – Nürnberg – Wien – Budapest nach Belgrad und weiter ans Schwarze Meer. Selbst Krakau läßt sich per Boot erreichen.

KAPITEL 6

Der Brandenburger Wassersport-Entwicklungsplan

Was erwartet den Wassersportler, wenn er aus Berlin herausfährt? Im Land Brandenburg gibt es einen Wassersport-Entwicklungsplan, der die politischen Rahmenrichtlinien erfaßt. In diesem und im nächsten Jahr wird man sie ausfüllen – und den Wasserwanderern Tips, Routen- und auch umfassende Törnvorschläge machen können.

Wo gibt es augenblicklich die besten Chancen? Wo geht die Entwicklung hin? Wo und wie ist es potentiellen Investoren zur Zeit möglich, zur Verbesserung der Infrastruktur beizutragen?

Diese Fragen – vielfach schon unterlegt mit Prognosen – hat der im Juni 1996 von der Landesregierung verabschiedete Wassersport-Entwicklungsplan untersucht.

Mit 750 km^2 Wasserfläche (2,6 Prozent der Gesamtfläche) ist Brandenburg das wasserreichste der 16 Bundesländer. Zum Vergleich: Berlin hat eine Gesamtfläche von 880 km^2. Die Länge aller Flüsse, Kanäle und Fließe beträgt zusammengerechnet 32 000 Kilometer. Davon sind etwa 1700 Kilometer schiffbar. Hinzu kommen weit mehr als 3000 Seen. Dieses Paradies wird von 35 000 Wassersportlern geschätzt – eine große Zahl, möchte man meinen. Doch die Autoren des Wassersport-Entwicklungsplans haben ermittelt: Selbst wenn die Berliner, die Norddeutschen Küstenschiffer und die alten Bundesländer ihre Wassertouristen herüberschickten – es wäre allemal noch ausreichend Platz für alle da. Und darüberhinaus genug Natur, in der sich ganze Armaden verfahren könnten.

Überall im Berliner Umland tut sich einiges: Investoren melden sich, Seglergemeinschaften bieten an, sich mit Anlegestellen an der Entwicklung des Wassersports zu beteiligen.

Zur Zeit geht die Landesregierung in Potsdam von einer Steigerung bis zum Jahr 2002 auf 60 000 aus. Rechnet man die Berliner Wassersportler hinzu, werden sich dann 150 000 Wassersportler auf den Seen und Fließen, Flüssen und Kanälen in und um Berlin tummeln: Was die vermissen, ist vor allem eine entwickelte Infrastuktur. Die läßt in weiten Teilen Brandenburgs noch zu wünschen übrig.

Zwar mag dies für manchen den besonderen Reiz ausmachen. Aber fehlende Wasser-Tankstellen, mangelnder Schleusenausbau, nicht vohandene Entsorgungsmöglichkeiten für Abfälle, unzureichend gesicherte Liegeplätze, schlechte Übernachtungsmöglichkeiten, um nur einige Mängel zu nennen, können die Freude an manch schönem Tag auf dem Wasser schmälern.

Um die Struktur der Erholungslandschaft nach und nach zu

verbessern, wurde unter Federführung des Ministeriums für Bildung, Jugend und Sport am 17. Juni 1996 der Wassersport-Entwicklungsplan vorgelegt. Mit Unterstützung des Partnerlandes Nordrhein-Westfalen erarbeitet, entstand ein Konzept, das sowohl dem Tourismus als auch dem Wassersport und den Bedenken der Umweltverbände Rechnung trägt.

Auf 32 Seiten zeigt der Plan, vom Ist-Stand ausgehend bis zur Prognose, Ziele und Maßnahmen der Entwicklung des Wassersports im Land von Spree, Oder, Elbe und Havel. Sieben Karten im Anhang zeigen, wo die unterschiedlichen Sportarten am besten ausgeübt werden können und wie die Möglichkeiten dafür in der Zukunft entwickelt werden sollen:

- Hauptwasserrouten,
- Segel- und Surfsport,
- Motorbootsport,
- Rudersport,
- Kanusport,
- Seesport,
- Tauchsport,

Alle Leitlinien zeichnen sich dadurch aus, daß sie von Praktikern für die Praxis mitentwickelt wurden: Die Verbände der Wassersportler und der Angler brachten ihre Erfahrungen und Wünsche ein.

So wurden für die einzelnen Sportarten Tabellen erstellt, die zum einen die förderlichen Entwicklungsfaktoren aufzeigen, zum anderen die hemmenden.

Daraus resultierend, hat der brandenburgische Wassersport-Entwicklungsplan zum Ziel: Hauptwasserrouten festzulegen, deren Erlebniswert dem Touristen das Land unvergeßlich macht. Diese **sieben Routen** sind:

1. Die Erkner-Gewässer mit der Verbindung von Wernsdorfer Schleuse über die Spree und den Oder-Spree-Kanal bis zur Oder bei Eisenhüttenstadt.

2. Von den Zeuthener Gewässern über Dahme, Spree-Dahme-Umflutkanal, Köthener See, Leibsch, Neuendorfer

See, Spree, Schwielochsee bis zum Oder-Spree-Kanal westlich Müllrose einschließlich der Windungen Prieros bis Teupitz und Prieros bis Bad Saarow.

3. Havel nordwestlich Rathenow einschließlich Elbe-Havel-Kanal bei Brandenburg bis Potsdam, Jungfernsee einschließlich der Potsdamer Havelseen und einschließlich der Verbindung Hohennauen bis Ferchesar.

4. Havelkanal bei Paretz/Ketzin, Oranienburger Kanal und Oder-Havel-Kanal sowie Finowkanal und Alte Oder, Hohensaaten-Friedrichsthaler Wasserstraße bis zur Oder.

5. Vosskanal südlich Liebenwalde ab Oder-Havel-Kanal über die Havel bis zur Landesgrenze Mecklenburg-Vorpommern nordwestlich Fürstenberg einschließlich der Verbindungen Burgwall bis Seilershof und Vogelsang bis Fährsee.

6. Oranienburger Kanal/Ruppiner Kanal, Kremmener Rhin und Ruppiner Gewässer über den Rhin bis zur Landesgrenze Mecklenburg-Vorpommern nördlich Rheinsberg. Prebelow (zum Teil nur für muskelbetriebene Boote) einschließlich der Verbindung Rheinsberg über Großzerlang bis zur Landesgrenze Mecklenburg-Vorpommern.

7. Neiße ab Guben und Oder/Odra ab Ratzdorf bis zur Grenze zur Republik Polen bei Garz (da die Neiße Grenzgewässer ist, gelten besondere Regelungen).

Ein Schwerpunkt liegt im Ausbau der Möglichkeiten für die Touristen im unmittelbaren Berliner Umland. Denn dort kommt es an Sommerwochenenden mitunter zu regelrechtem Gedränge auf den Gewässern, wenn die Berliner aus der Stadt fahren.

Ausbau des Wassersports hat für Brandenburg aber auch wirtschaftliche Effekte. So wird hauptsächlich im Tourismus- und Servicebereich mit der Schaffung von Arbeitsplätzen gerechnet. Dieses Ziel soll beispielhaft durch das Projekt »Aqua-Fontane-Park« erreicht werden. »Einen Schlüssel für die Zukunft der Region« nennt Ministerpräsident Manfred Stolpe (SPD) das Vorhaben. Im Nordwesten des Landes ge-

Ein Land besinnt sich seiner Ressourcen: Brandenburg und sein Wasser – Touristenförderung, die Berlin verschläft, wird im Nachbarland auf stabilen Planken der (Besucher)-Schiffe aufgebaut.

*Anlegestellen: Solche Entscheidungshilfen, nach Berlin zu rei-
sen, könnte die Hauptstadt auch bieten. Statt dessen heißt es an
der Spree fast allenthalben: Anlegen oder Ankern verboten. Für
Wassertouristen ist Berlin noch kein Partner.*

legen, inmitten einer strukturschwachen Region, soll der
»Wasserpark« eine Chance für die Menschen dort werden.
Bereits 200 ABM-Stellen wurden bewilligt. 700 sollen folgen. Und sicher wird ein Ansteigen des Tourismus für viele
eine Arbeit auf Dauer sichern.

Wie wichtig der Faktor Wassersport für die Entwicklung
einer Region ist, haben die Stadtväter von Brandenburg ge-
zeigt: Mitten in der Stadt wurde eine Anlegestelle für Sportboote (Schwimmpontons mit Wasser- und Stromanschluß
am Schwimmsteg sowie Sanitäranlagen an Land) geschaffen. So schippern die Wassersportler nicht mehr an der Stadt
vorbei, sondern sie bleiben und bringen zusätzlich Geld in
die Stadtkasse.

Dies auch den Städten und Gemeinden in anderen Regionen zu ermöglichen, ist eine zentrale Aufgabe des vorge-
legten Planes. Unter Federführung des Sportministeriums
erhalten die Bereiche Wirtschaft und Umwelt Leitlinien, wie

zu verfahren ist. Insofern ist der Wassersport-Entwicklungsplan die notwendige Grundlage für alle Beteiligten, Sport, Tourismus, Erholung, Umwelt und Wirtschaft naturverträglich unter ein Dach zu bekommen. Um dies zu schaffen, wird in Potsdam bereits an Teil 2 des Planes gearbeitet. Er soll auf der Grundlage des ersten die Ausführungen definieren. Denn über eines ist man sich im Land Brandenburg einig: Entwicklung des Wassersports ist auch Entwicklung der Wirtschaft, Entwicklung des Landes.

KAPITEL 7

Das Beispiel Köpenick/ Dahmeland

(Kooperationen Berlin – Brandenburg)

Es hat keinen Wert, über Dinge zu sprechen, wenn man nicht auch beabsichtigt, den Reden Taten folgen zu lassen. Man müßte, man sollte, man könnte, wenn, ja wenn die anderen nur endlich handeln würden ... Floskeln, die oft zu hören sind, wenn es um die Bewältigung von Problemen, um das Lösen von Aufgaben geht.

Berlin und Brandenburg geben ein positives Beispiel dafür, wie man guten Reden entsprechende Taten folgen läßt: Im Süden der Hauptstadt wird ein ökologisches Konzept entwickelt, das einen vernünftigen Weg weist, wie Tourismus einer ganzen Region naturverträglich gesichert werden kann.

Die **Gebietsgemeinschaft Dahme-Spree-Seelandschaft,** zu der Köpenick als Berliner Bezirk sowie fünf Ämter aus den zwei Brandenburger Landkreisen Oder-Spree und Dahme-Spreewald gehören, hat sich ein anspruchsvolles Ziel gesetzt. Bis zum Jahr 2000 soll eine komplexe, beispielhafte Lösung für die umweltverträgliche Gestaltung des Verkehrs, der Schiffahrt und des Tourismus auf dem Wasser für das Ballungsgebiet im Südosten Berlins vorliegen. Entwickelt zunächst am Beispiel der Wasserstraßen bzw. Wasserwanderrouten zwischen Köpenick und Bad Saarow am Scharmützelsee, anschließend übertragen auf das gesamte Dahme-Spree-Seengebiet.

Das Besondere an diesem Projekt: Brandenburger und Berliner Stellen arbeiten unter Maßgabe einer langfristig beispielgebenden Integration von Natur, Mensch und mo-

Eine Elektroyacht aus dem Wassersportzentrum Müggelspree in Köpenick wird im Spreewald vorgeführt. Diese Schiffe sind ideal für umweltschonende Vorhaben der touristischen Erschließung der Wasserwege. Hier hat der Berliner Senat Nachholbedarf.

derner Industrie zusammen – trotz gescheiterter Länderfusion.

Berlin ist im Südosten von einer einzigartigen Seenlandschaft umgeben. Die Qualität der Gewässer und der Landschaft verbesserte sich in den Jahren seit der Wende aus ökologischer Sicht deutlich. Oberflächen- und Grundwasser konnten weitgehend von Abwasserlasten befreit, Uferbereiche renaturiert werden. Weiteres Plus: Land- und Forstwirtschaft sind umweltverträglicher geworden.

Aber noch gibt es Gefahren. Zum Beispiel entstehen vermehrt Belastungen durch Binnenschiffahrt und Wassertourismus. Beide Bereiche haben im Raum Berlin ohnehin eine große Tradition. Doch die Wasserstraßen als Verkehrswege werden immer stärker frequentiert. Und so prognostizieren Berlin und Brandenburg bis zum Jahr 2002 eine Zunahme des motorisierten Wasserstraßenverkehrs um etwa 30 Prozent.

Die das Projekt länderübergreifend vorantreibende Initiativgruppe konzentriert sich folglich darauf, Wasserverkehr und -tourismus umweltverträglich zu machen. Ein Schwerpunkt ist die deutlich stärkere Nutzung regenerativer Energieträger. So ist die Verwendung schadstofffreier Schiffs- und Bootsantriebe attraktiv – und das bedeutet in erster Linie ökonomisch erträglich oder gar lukrativ – zu gestalten. Intelligente Lösungen sind gefragt. Viel wird in den kommenden Jahren davon abhängen, wie es gelingt, ein diese Bestrebungen förderndes Umfeld zu schaffen, das den Mut zum Einsatz umweltschonender Antriebe belohnt. Ein vielversprechender, komplexer Ansatz wäre: Eine künftige Solarbootflotte soll ein ganzes Netz von speziell entwickelten Servicestationen vorfinden. Die notwendige Energie würde von Windkraftwerken geliefert sowie aus Solaranlagen gewonnen. Der so erzeugte Strom würde auch dafür verwendet, das geplante wasserstoffgetriebene Fahrgastschiff mit dem zukunftsträchtigen Antriebsstoff zu versorgen. Wichtig dabei ist, daß bereits vorhandene und zum Konzept passende Anlagen, wie die Solarboottankstelle in Köpenick und das Modellprojekt »NATOUREN – Wanderungen durch die Dahme-Seenlandschaft«, in diese Pläne integriert werden. Das gesamtregionale Marketingkonzept berücksichtigt weiterhin die an den Ufern gelegenen Hotels und Gaststätten. Außerdem private und gewerbliche Bootsnutzer sowie Charterbasen, die zunehmend umweltverträgliche elektrisch betriebene Boote anbieten bzw. nutzen, weil sie im Verbund günstigere Angebote machen können.

Ein weiterer wichtiger Aspekt ist die **Lenkung der Besucherströme.**

Touristen sollen nicht durch restriktive Verbote verärgert, sondern ganz bewußt an bestimmte Punkte heran- und von anderen weggeführt werden. Erreichen will man dies durch die Propagierung von Routen, die besonders zu schützende Bereiche nicht oder kaum berühren. Die erwähnten Servicestationen werden ausschließlich außerhalb von Naturschutzgebieten errichtet.

Ein Projekt solchen Ausmaßes ist natürlich auch von politischen Entscheidungen abhängig. Qualifiziertes Management plus Unterstützung aus allen berührten Bereichen tut not. Wieder scheinen die Projektentwickler die glückliche Hand des Tüchtigen zu haben. Sind doch alle betroffenen Institutionen, Unternehmen, Ämter und Behörden von Anfang an in die Überlegungen integriert.

Tüchtigkeit und Glück können jedoch allein nicht soviel bewegen. Je mehr Personen und Gruppen für solch ein Anliegen interessiert werden können, desto besser. Auch der Wille, Naherholungssuchende aus Berlin, Deutschland und der ganzen Welt in die Region zu ziehen, und die Absicht, neue und international beispielhafte infrastrukurelle Entwicklungen vorzustellen, darunter die Einbeziehung von umwelttechnologieorientierten Unternehmen, bilden wichtige Identifikationspunkte bei gleichzeitiger Schonung der Umwelt – zum Nutzen aller. Diese breitgefächerten Identifikationsmöglichkeiten helfen natürlich auch bei den Fragen der Finanzierung. Die notwendigen Investitionen in Höhe von 25,6 Millionen DM werden auf viele Schultern verteilt: die Kommunen, private Investoren, Vereine, das Wasser- und Schiffahrtsamt und die Gebietsgemeinschaft.

Verstanden wird dies als Anschubfinanzierung. Der spätere Betrieb und das Besucherkonzept sind darauf ausgerichtet, der Region gewinnorientiert Einnahmen zu sichern. Die sie dringend braucht.

Fassen wir die Kernpunkte zusammen:

- Die Attraktivität der Region um das südliche Berlin wird touristisch und wirtschaftlich erhöht.
- Durch die behutsame Nutzung und Optimierung wird die Kulturlandschaft der Region auch bei einem steigenden Besucheraufkommen erhalten.
- Regionales Gewerbe sichert und schafft durch eine deutliche Erhöhung des Primär- sowie Sekundärumsatzes Arbeitsplätze.
- Die Ansiedlung von umwelttechnologischen Unternehmen wird unterstützt.
- Und last but not least, Bewohner und Gäste fühlen sich wohl.

Bis allerdings im Jahr 2000 die erste Wasserstraße und Wasserwanderroute zwischen Berlin und Bad Saarow so gestaltet sein wird, wie es nach dem Willen der Erfinder sein sollte, bleibt noch viel zu tun. Allein der Aufbau der erforderlichen Logistik im Zusammenhang mit Bootsverleihern, der nach Preiskategorien gestaffelten Hotellerie und Gastronomie sowie des lückenlosen Informationssystems fordert den ganzen Einsatz aller Beteiligten.

Bei Fragen und Anregungen stehen für die Gebietsgemeinschaft **Dahme-Spree-Seenlandschaft** folgende **Ansprechpartner** zur Verfügung:
Marianne Zöphel, Am Nottekanal, 15711 Königs Wusterhausen, Tel.: 03375/29 12 69 oder Fax: 03375/29 46 37.
Hendrik Wunsch, Grünstraße 5, 12555 Berlin, Tel.: 030/655 73 06 oder Fax 030/655 73 07.

KAPITEL 8

Wasserautobahnen – wird alles gut?

(Das Verkehrsprojekt 17)

Das Zauberwort für die deutschen Binnenschiffer lautet »Projekt 17 – Deutsche Einheit«. In ihm wurde 1991 von der Bundesregierung die künftige Verkehrsinfrastruktur für die fünf neuen Bundesländer beschlossen. Das erklärte Ziel besteht darin, so schnell wie möglich die Teilung Deutschlands auf dem Gebiet der Binnenschiffahrt zu überwinden. Ergebnis: Eine Quasi-Wasserautobahn wird in einigen Jahren Deutschland und Europa vernetzen.

Der Ausbau der Wasserstraßenverbindung Hannover – Magdeburg – Berlin soll eine Schlüsselfunktion für das Zusammenwachsen der alten und neuen Bundesländer erhalten. Nach den Vorstellungen des Bundesministeriums für Verkehr soll mit dem »Projekt 17« der Anschluß an die wichtigsten Nordseehäfen, wie Emden, Wilhelmshaven, Cuxhaven sowie Bremerhaven, Bremen und Hamburg, geschaffen werden.

Weiteres Ziel: leistungsfähigere, sichere, wirtschaftliche und umweltfreundliche Wasserstraßen mit europäischem Standard zu den Industriezentren im Rhein-Ruhr-Gebiet. Damit werden in der Region Berlin sowie Magdeburg zukunftsorientierte Standortbedingungen hergestellt.

Die Spreeidylle wird sich in den nächsten Jahren also mancherorts in eine Wasserautobahn verwandeln.

Im Verkehrsministerium ist man der Auffassung: Ohne den Ausbau der wichtigsten Wasserstraßen ginge an den Ländern Berlin, Brandenburg, Sachsen-Anhalt die Zukunft vorbei. Daher müssen die hier liegenden Industriezentren eine ko-

Was bleibt von diesen Wäldern und den friedlich mäandern-
den Fließen mit ihren Altarmen, wenn das »Projekt 17« einmal
Wirklichkeit geworden ist?

stengünstige und umweltverträgliche Alternative erhalten,
damit auf dem Wasserwege Container, Schwerlasten sowie
Massen- und Gefahrgüter transportiert werden können.
Folgende **Ausbauvorhaben** sieht das »Projekt 17« vor:
– Oststrecke des Mittellandkanals in Sachsen-Anhalt,
– Wasserstraßenkreuz Magdeburg,
– Elbe-Havel-Kanal,
– Wasserstraße Untere Havel und Havelkanal bis zum ge-
 planten Güterverkehrszentrum Wustermark,
– zwei Wasserstraßen *in* Berlin: Haveltrasse Richtung West-
 hafen und Teltowkanaltrasse Richtung Osthafen.
Übrigens: Für das Gesamtvorhaben wurden von der Bun-
desregierung rund 4,5 Milliarden Mark veranschlagt. Die
Planungs- und Bauzeit wird 10 Jahre betragen.

Zu den Gewinnern des »Projekts 17« sollen auch die Sportschiffer gehören. Die einmaligen Wasserwege zwischen Elbe
und Oder sind für die naturnahe Erholung wie geschaffen.

Hannover – Magdeburg – Berlin

Mit dem Bau des Wasserstraßenkreuzes Magdeburg soll eine Anbindung an den Mittellandkanal (Weg ins Ruhrgebiet) geschaffen werden. Dazu gehört eine ganzjährige, wasserstandsunabhängige Elbquerung (Trogbreite 32 Meter). Wegen der wirtschaftlichen und ökologischen Vorteile wird die 918 Meter lange Kanalbrücke das Vorland der Elbe überqueren. Anstelle des einst geplanten Doppelhebewerkes in Hohenwarthe wird eine Doppelschleuse (190 m x 12,5 m) mit Sparbecken errichtet, die die ca. 18 Meter betragende Wasserstandsdifferenz zwischen Mittellandkanal und Elbe-Havel-Kanal überwindet. Für den Anschluß der Magdeburger Häfen wird in Rothensee neben dem vorhandenen Schiffshebewerk eine Schleuse von 190 mal 12,5 Metern errichtet. Für die Sportschiffahrt ist dann über den Mittellandkanal die Anbindung an den Westen ein Katzensprung.

Das »Projekt 17« und Berlin

Nahe Potsdam liegt am Jungfernsee der Verzweigungspunkt, von dem aus Berlin über eine nördliche wie auch über eine südliche Trasse an die West-Ost-Wasserstraße angeschlossen wird. Die **Nordtrasse** führt von dort über die Unterhavel, die Unterspree und den Westhafenkanal zum Westhafen – die **Südtrasse** über Teltowkanal, Britzer Verbindungskanal und die Oberspree zum Osthafen.

An beiden Trassen befinden sich viele öffentliche und private Häfen sowie Umschlageinrichtungen, die vom Wasserstraßenausbau profitieren können. So sieht jedenfalls die Prognose der Verkehrspolitiker und des Ministeriums aus.

Bedenken werden aber dennoch laut: Der Streit mit der UNESCO um das Welterbe Potsdam ist zu nennen. Viele Umweltschützer befürchten eine Grundwasserabsenkung von »gefährlichem« Ausmaß, ausgelöst durch den Ausbau des Flusses. Die Standsicherheit des Palais im Neuen Garten und der Denkmäler, wie der Meierei auf der Pfaueninsel, des Jagdschlosses Glienicke oder des Schlosses Caputh, seien gefährdet. Der wechselnde Oberflächenspiegel könnte zu einem Verfall der Bausubstanz führen. Argumente, die nicht von der Hand zu weisen sind. Befürworter versichern zwar: Der Stauwasserspiegel bleibt unverändert. Sie räumen allerdings bei Hochwasser in Potsdam ein mögliches Absinken von zehn Zentimetern ein. Die Bedenken bleiben.

Die Verwirklichung der Nordtrasse erfolgt übrigens ohne wesentliche Inanspruchnahme von Gelände. So ist es an der Spreemündung bis zur Schleuse Charlottenburg kaum erforderlich, das Flußbett zu verbreitern. Lediglich im Westhafenkanal erfolgt eine Verbreiterung am Norbufer.

Wichtig für Sportschiffer: Bei einem Neubau der Charlottenburger Schleuse soll, nach Plänen des Bundes, die alte Schleuse (Berlins älteste) mit einer Kammer nur noch für die Freizeitschiffer bleiben.

Die **Südtrasse** soll so aussehen:

– Ausbau des Teltowkanals und des Britzer Verbindungskanals mit Liegestellen.
– Die Schleuse Kleinmachnow soll in nutzbare Ausmaße von 190 mal 12,50 mal 4,00 Meter gebracht werden.
– Der Neubau der Spandauer Schleuse mit den Maßen 115 mal 12,50 mal 4 Metern soll 1999 beendet sein.

Eine wichtige Rolle im »Projekt 17« nimmt die **Havel-Oder-Wasserstraße** (HOW) ein. Sie soll die Verbindung Berlins mit den Ostseehäfen Wismar, Rostock sowie Stettin und dem Wirtschaftsgebiet Oder sowie dem osteuropäischen Raum verbessern. Zunächst sollen die Engpässe beseitigt werden. Zur Zeit läuft der Verkehr immer noch auf einer Länge von 23 Kilometern als Dammstrecke, Schiffe dürfen sich dort nicht begegnen. Außerdem bildet das Schiffshebewerk Niederfinow einen Verzögerungsfaktor. Beson-

Alte Havel südlich von Havelkanal und Göttinsee – märkischen Flußlandschaften droht der Garaus, wenn Flußbetten für den Wirtschaftsverkehr zu Wasserautobahnen verformt werden, fürchten Kritiker des Verkehrsprojekts 17.

ders an den Wochenenden müssen Fahrgast- und Sportboote dort lange Wartezeiten in Kauf nehmen.

Nach dem Verkehrswegeplan soll der Ausbau der HOW von der Schleuse Spandau bis zur Staatsgrenze nach Polen auf einer Länge von rund 135 Kilometern westeuropäischen Standard sichern (Wasserklasse Va mit vorerst eingeschränkter Wassertiefe). Kostenvoranschlag: 1,15 Milliarden Mark.

Ausbau der HOW heißt:
— Streckenausbau auf 3,00 Meter Wassertiefe,
— Bau eines neuen Schiffshebewerkes in Niederfinow,
— Anpassung der Schleuse Lehnitz,
— Herstellen einer Brückendurchfahrthöhe von 5,25 Metern auf der gesamten Strecke,
— Verbesserung des Sicherheitsstandards der Kanaldämme und Sicherheitstore.

Elbe und Saale

Im Zusammenhang mit der Fahrrinnenvertiefung der Elbe sollen Buhnen, Leitwerke und Deckwerke die Flußsohle stabilisieren. Dadurch soll der Rückgang der Auwälder und Feuchtgebiete gestoppt werden. Bis Dömitz und Hitzacker möchte man so den ursprünglich guten Zustand der Elbe wiederherstellen.

Auch die nahe Saale wird für Sportschiffer interessanter. Bei Trabitz ist ein Durchstich geplant, Kurven werden verbreitert. Die fünf vorhandenen Schleusen werden modernisiert und somit für alle »schneller«.

Einer der wichtigsten Punkte ist, daß das Problem des belasteten Saaleschlamms gelöst wird – er wird abgetragen.

Wirtschaftlichkeit

Eine wesentliche Prämisse des Bundesverkehrswegeplanes ist die hohe Wirtschaftlichkeit des Vorhabens.

Da beispielsweise ein 1350-t-Schiff die Ladung von 45 Lkw aufnehmen kann, könnte solch ein Schiff fast vier Dutzend LKW überflüssig machen und ebenso viele Fahzeuge von der Straße verschwinden lassen. Ein modernes Binnenschiff ersetzt sogar 67 Lastkraftwagen. Nach einer Prognose würden jährlich 370 Millionen Mark an Transportkosten für die Volkswirtschaft eingespart. Eine Schiffsflotte als Alternative zum LKW-Transport würde außerdem die CO_2-Emissionen um 200 000 t/Jahr reduzieren.

Brücken

Nach den Planungen müssen in Berlin, Brandenburg und Sachsen-Anhalt mehr als 90 Brücken verändert oder neu gebaut werden.

Wichtig: Auf der gesamten Strecke werden dadurch keine Stauziele verändert – die Grundwasserstände bleiben, wie sie sind.

In dem sensiblen Gewässersystem von Spree und Havel mit den vielen Seen werden die Abflußverhältnisse sowie die Wasserbilanz durch den Ausbau nicht negativ beeinflußt, versprechen die Experten.

Die Bundesregierung sieht im »Projekt 17« quasi nebenher eine Gelegenheit, die Genesung der ökologischen Beziehungen von Gewässer und Umland, von Fluß und Auen, einzuleiten. Ökologische Schäden der Vergangenheit könnten rückgängig gemacht werden. Das Ziel lautet: den unentbehrlichen Wasserweg wirtschaftlich zu machen und in einen wiederhergestellten Naturraum zu integrieren.

Ein Graureiher. Der Bestand hat sich erholt, fast überall in und um Berlin sieht man diese scheuen Fischer konzentriert ihre Reviere beobachten.

Wesentlich ist die Mitarbeit der Sportschiffahrt, deren Verbände in sämtliche Planungen mit einbezogen wurden. Bundesminister Wissmann: »Berufs- und Sportschiffahrt müssen in Einklang gebracht werden.«

KAPITEL 9

Schiffbau in Berlin

Ein Handwerk mit 400jähriger Tradition

Der Boots- und Schiffbau hat in Berlin Tradition – und das seit knapp 400 Jahren. Eine kaum vorstellbare Zeitspanne für ein Handwerk, das gemeinhin eher küstennahen Städten wie Kiel und Hamburg zugeordnet wird. Doch imposante Zahlen zeugen bereits in den Anfängen der Schiffbauerei vom Gegenteil. So gab es zur Zeit des 30jährigen Krieges im alten Berlin so viele Werften wie Häuser: jeweils etwa 600.

Was damals diesen Namen trug, hat mit heutigen Werften allerdings nicht viel gemein. »Oft wurde dort nur ein Boot gebaut und zu Wasser gelassen«, erzählt Günter Pohlandt, Experte vom Museum für Verkehr und Technik. Allerdings: Stellenweise existierten Anlagen auch mehr als 100 Jahre lang.

Geschichtsbücher schildern die Entwicklung dieses Handwerks nur unvollständig. »Die Aktenlage ist rudimentär. Die meisten Unterlagen gingen in den Kriegswirren verloren«, sagt Pohlandt. Obwohl der Wissenschaftler selbst gelernter Bootsbauer ist, kann auch er den Unterschied zwischen Schiff und Boot nicht genau definieren: »Eine Erklärung gibt es nicht, auch nicht im Englischen.«

Eine der ersten Sternstunden des Bootsbaus in Berlin läutete der erste preußische König, Friedrich I., ein. 1702 legte der

Monarch die Havelberg-Werft still. Daraufhin ging der Schiff-
bauer Martin Koepjohann nach Berlin. Dort gründete er die
vermutlich erste Schiffbauerei am später danach benannten
Schiffbauerdamm im heutigen Bezirk Mitte.

Koepjohann brachte gleichzeitig die holländische Bauart in
die aufstrebende Stadt. Die größten Schiffe dieser Art waren
für 40 Mann ausgerichtet, 18 bis 22 Meter lang, konnten 30
bis 40 Tonnen Ladung aufnehmen und erreichten dennoch
nicht mehr als einen Meter Tiefgang – genau richtig für die
flachen Brandenburger Gewässer.

17 Jahre später, im Oktober 1719, ging die Kurve im Schiffbau erneut steil nach oben. Das »Patent zur Beförderung
des Schiff-Baues« von König Friedrich Wilhelm I. erlaubte
es fortan jedermann, sich am Bootsbau zu beteiligen. Zuvor
war das allein Sache der Gilden.

Auch der Alte Fritz kurbelte das Handwerk kräftig an. Zum
einen brauchte er Schiffe zum Transport seiner immer größer
werdenden Armee. Auf der anderen Seite blühte der Salz-
handel auf den Wasserstraßen. Die Soldaten wurden u.a. mit
großen Mengen gepökelten und gesalzenen Fisches versorgt.
Zum Zeitpunkt der Gründung des Deutschen Reiches 1871
gab es im ganzen Land etwa 70 000 Schiffe, schätzt Pohlandt. 20 000 davon seien mehr als fünf Tonnen schwer ge-
wesen. Allein auf den märkischen Wasserstraßen seien
etwa 3500 Boote und Schiffe gefahren.

Als dann Anfang dieses Jahrhunderts immer mehr Leute die
Umgebung Berlins entdeckten, war die Zeit der Ausflugsdampfer gekommen. Neben den großen Werften gab es
zwischen 1900 und 1920 etwa 50 kleine Sportwerften, die
etwa zwei Boote im Jahr schafften. »Um 1913 war der Ha-
fenumschlag anderthalbmal so groß wie in Hamburg«, be-
richtet Pohlandt. Arbeitskräfte und Holz seien billig gewe-
sen, viele Jungunternehmer hätten die Gunst der Stunde
genutzt.

Gleichzeitig entstand ein zweiter Wirtschaftszweig, der mit
den Resten alter und maroder Schiffe zu Geld kam. »Sie
wurden nicht repariert«, sagt Pohlandt. Vielmehr wurden

Eine Nobelyacht auf dem Hohenzollernkanal in Reinickendorf.
Auch dieses rund eine halbe Million DM teure Schiff wurde in
Holland gebaut.

Planken zum Häuserbauen verwendet, verheizt oder zu Fußbodendielen gemacht. Anker, Segel, Beschläge und Herde dagegen wanderten manchmal durch bis zu vier Schiffsgenerationen.

Die Flaute für die Werften zog in den 20er Jahren auf. Mit Stahlbau und zunehmender Massenproduktion verlor der Schiffbau an Bedeutung, viele Wirtschaftstransporte wurden auf die Schiene verlagert. Während der NS-Diktatur dienten vor allem Köpenicker Werften den Nazis für den Bau von U-Boot-Teilen.

Endgültig bergab geht es mit dem traditionellen Handwerk seit den 70er Jahren. Grund laut Pohlandt: Die sogenannte Billigschiffahrt aus den Niederlanden mit ihren Plastikbooten läßt den alten Holzschiffen keine Chance. Ein Platz am Wasser ist teuer. Für viele Werften lohne es sich deshalb eher, so Pohland, Liegeplätze zu vermieten als auf alte Weise Boote zu bauen.

Arbeitsplätze im Bootsbau in Berlin

Boote und Yachten aus der Region Berlin/Brandenburg, das war einmal ein Markenzeichen. In den zwanziger und dreißiger Jahren fuhren die Produkte einheimischer Bootsbauer fast überall in Europa über Wasserstraßen, Seen, Flüsse und an den Küsten entlang. Der Bootsbau boomte – es wurde reichlich exportiert. An den Seen und Flüssen des Landes siedelten sich Konstruktionsbüros, Werften, Ausrüster, Bootshausbetreiber an. Der Wassersport war ein Wirtschaftsfaktor. Mehr als 50 000 handwerklich hochspezialisierte Facharbeiter fanden ihre Arbeitsplätze in den 200 Werften und ungezählten Zulieferbetrieben.

Begonnen hatte diese Entwicklung Ende des vorigen Jahrhunderts. Aus England war die Begeisterung für den Wassersport herübergeschwappt. In Berlin wurde 1880 der Berliner Yachtclub gegründet, erster Bootssportclub in Deutschland. Der Verein Seglerhaus am Wannsee folgte kurze Zeit später und existiert noch heute. Ein marinebegeisterter Kaiser tat ein übriges zur »Expansion« auf dem Wasser: Jollen, Kielboote, Seekreuzer, Rennruderboote – alles wurde gebaut. Anläßlich der Olympischen Spiele 1936 in Berlin wurde die bis heute gesegelte Olympia(O-)Jolle entwickelt.

Der Zweite Weltkrieg beendete diese Entwicklung schlagartig und nicht nur vorläufig. Zwar arbeiteten zu Beginn der fünfziger Jahre noch etwa 800 Menschen im Bootsbau, ihre Arbeit fand aber keine große, überregionale Bedeutung. Der Mauerbau 1961 versetzte der Branche endgültig den Todesstoß. Nur wenige Betriebe blieben im Westteil Berlins zurück. Hauptsächlich mit Service- und Reparaturaufgaben hielten sie sich über Wasser. Und mehr als etwa 300 Mitarbeiter schien das Handwerk des Bootsbaus nicht mehr ernähren zu können. Der Rest gab auf, wanderte nach Westdeutschland ab.

In den Werften der DDR ging alles nach Plan: Kleine Betriebe waren enteignet worden oder durften nur in kleinsten

Einheiten weiterarbeiten. Da aber der relativ geldaufwen-
dige Bootssport von der »Partei- und Staatsführung« als etwas Elitäres, nicht unbedingt Notwendiges angesehen wurde,
verkam auch der Bootsbau bis auf wenige Bereiche. Immerhin 1000 Arbeiter schafften in volkseigenen Betrieben.
Die »Musterfirma« der DDR war der »VEB Yacht-Werft Berlin«. Schiffe, Motorboote und Fahrgastschiffe für die »Weiße
Flotte« wurden gebaut.
Einen Namen machte sich der Betrieb mit der Herstellung
von Rennruderbooten. Mehr als 1000 Goldmedaillen bei
Olympischen Spielen, Weltmeisterschaften, nationalen und
internationalen Wettfahrten zeugten von der Spitzenqua-
lität der Produkte »Made in GDR«. Ob Kommunisten oder
Kapitalisten – wer erfolgreich durch sein System rudern wollte,
war stolz, wenn er eines der Yachtwerft-High-Tech-Geräte sein
eigen nennen durfte. Im Osten regierte trotzdem der Mangel.
Während die Boote auf den Westberliner Gewässern zunehmend aus Norwegen, Holland, Frankreich, USA kamen,
mußten sich die Berliner Werften, ehemals ein so stolzes
Handwerk, auf Reparaturen oder kleinere Arbeiten sowie
auf die Lieferung von Zubehör beschränken.
1989/90 kam die Wende. Leider nicht für den Bootsbau.
Mit der DDR-Wirtschaft gingen auch noch die Reste des
Bootsbaus im Osten unter. Und so scheint es zu bleiben.
Aus der Boots- und Schiffbauerinnung heißt es: »Vom Boots-
bau kann man nicht mehr leben.«
Schon lange muß sich die Handwerkergilde mit Handel,
Reparaturen und Bootsstegeinnahmen über Wasser halten.
Je nach Spezialgebiet einzelner Firmen werden vereinzelt
noch neue Schiffe gebaut, aber überwiegend füllen Schiffs-
reparaturen und -umbau, Mastbau aus Holz, Stahl sowie
Kunststoff die Auftragsbücher.
Die Stimmen von Investoren sind unterschiedlich: *Thomas Vießmann,* der 1993 den Teil der Yacht-Werft über-
nahm, der an der Müggelspree liegt, sieht für die Region
keine großen Chancen mehr in der Herstellung von Booten und Schiffen. Zwar sind im von ihm initiierten Wasser-

sportzentrum 65 Mitarbeiter beschäftigt, aber nur 24 im Bootsbau.

Nur Rennruderboote werden in Fortführung der Tradition mit großem Erfolg gebaut.

Ansonsten setzt Vießmann auf Service und Vertrieb. Die Entwicklung einer eigenen Elektroyacht hat ihn gelehrt, daß es in Deutschland schwierig ist, eine derartige Innovation auf dem Markt zu plazieren. Seine im Wassersportzentrum verkaufte E-Yacht wird weitgehend in England gefertigt. Dort zahlt Vießmann für eine Bootsbauerstunde 16 Mark. In Deutschland wären es 56 Mark.

Berlin/Brandenburg – als Bootsbauregion endgültig Geschichte?

Nein, bestimmt nicht, sagt *Peter Rommel*. Er hat den in Wendenschloß gelegenen Teil der Yacht-Werft privatisiert und zur GmbH gemacht. 40 Mitarbeiter sind bei ihm beschäftigt und erwirtschaften drei Millionen Mark Umsatz im Jahr – bei derzeit 50 Millionen Mark in der gesamten Region. Zwar sieht Rommel genauso wie Vießmann die Wettbewerbsvorteile der ausländischen Anbieter, will jedoch dagegenhalten. Vor allem eine Verbesserung der Infrastruktur ist für ihn ein wichtiger Schritt: Es müssen wieder mehr qualifizierte Arbeitskräfte ausgebildet werden.

Deutschland ist für den Yachtarchitekten und Bootsbauer, der als Werftchef sein eigenes Yachtprogramm entwickelt hat, ein Standort für hochwertige Produktion. Ein Ausbildungszentrum für Bootsbauer, das jedoch richtig als Werft funktioniert – das wäre sein Traum.

Eine reale Chance sieht er in der Entwicklung von Booten direkt für regionale Bedürfnisse. Segelyachten mit leicht zu legendem Mast oder Elektroantrieb gehöre die Zukunft – denn gerade die großen amerikanischen Motorschiffe würden mit ihrer enormen Wasserverdrängung die Landschaft schädigen. Dagegen kämpft Rommel an. Er konstruiert und baut Segelyachten, die zwar teurer sind als andere, aber trotzdem ihre Käufer in Deutschland und der Welt finden. »Warum sollen wir nur die Garagen und Parkplätze für Boote bauen

Die Sportster, gezeichnet vom Berliner Yachtdesigner Peter Rommel, gebaut in Köpenick, hat u.a. eine hydraulische Mastlegevorrichtung, die den Revierwechsel und eine Brückendurchfahrt besonders leicht macht.

und anderen das Geschäft mit der Entwicklung und Herstellung überlassen?«

Der Wirtschaftsverband Wassersport zählt heute etwa 3000 Mitarbeiter. Verschwindend gering ist jedoch die Zahl derer, die wirklich noch mit dem Bootsbau beschäftigt sind.

Die goldenen Zeiten scheinen also vorbei. Jedenfalls was den Bootsbau in Berlin betrifft. Arbeitplätze werden zwar entstehen: durch Verbesserung der Infrastruktur. Wenn die Politik die Chancen aber nicht erkennt, die der Standort bietet, werden die Impulse allein aus der Infrastruktur-Aufwertung für den Markt der deutschen Hersteller leider nicht sehr bedeutsam sein.

KAPITEL 10

Bootssport und Naturschutz

Rahmenbedingungen

Das Naturschutzgesetz, ein Paragraphendschungel? Büro-kratisch formuliert wohl, aber mit eindeutigen, vernünftigen Zielen. Es regelt bei aller Entwicklung und damit weiterer Bebauung den bestmöglichen Erhalt der Landschaft und den Schutz von Arten.

Bei der Nutzung der Natur durch Wassersport zum Beispiel ist festgelegt, wie Schäden vermieden oder wenigstens schnell erkannt und beseitigt werden können. Dazu gehört auch, daß Seife nicht ins Wasser gelangen darf, weil dadurch Fische und Trinkwasserreservoire gefährdet werden. Ebenso ist festgelegt, wo man nicht angeln darf, und warum.

Im Gesetz ist zum Beispiel geregelt, daß Verunreinigungen, Hindernisse und Schäden (etwa am Schilf) den Behörden gemeldet werden müssen (§ 44) und daß die Tätigkeit von Mitgliedern der Naturschutzwacht ehrenamtlich (§ 42) sein muß. Sie sollen auf Weisung der obersten Behörde die Natur beobachten und Schäden melden, haben aber keine Eingriffs- und Weisungsbefugnisse.

Seit dem 11. Februar 1979 ist das Berliner Naturschutzge-setz in Kraft.

Anerkannte und rechtsfähige Vereine müssen ebenso wie die Bürger beteiligt werden, wenn dem Gesetzgeber Ände-rungen erforderlich scheinen. In Berlin sind es zehn Verbände, zu denen übrigens Greenpeace nicht gehört.

Im Gesetz heißt es ausdrücklich:

Die nach § 39a anerkannten Verbände haben das Recht, auch geregelt im § 29 des Bundesnaturschutzgesetzes, zur Äußerung und zur Einsichtnahme in Gutachten der Sachverständigen. Dies gilt immer,

– wenn es um die Änderung oder Neugestaltung von Landesrecht geht, das die Belange des Naturschutzes berührt, es sei denn, nach anderen Vorschriften ist die Beteiligung von Bürgern vorgesehen;

– wenn es um die Befreiung von den Vorschriften des Naturschutzes geht oder die Festsetzung eines Wasserschutzgebietes;

– wenn es um die Erteilung von Genehmigungen für Neubau oder Änderung von Anlagen in oder an oberirdischen Gewässern geht;

– wenn es um das Genehmigen von Vorhaben geht, die nicht vermeidbare oder nicht ausgleichbare Eingriffe in Natur oder Landschaft bedeuten.

Fragen des Naturschutzes sind immer auch Fragen der Tourismusförderung: Wo keine intakte Natur, kommt auch kein Wasserwanderer mehr hin.

Wildgänse – Tausende brüten im Havelland. Eine große Her-ausforderung für Naturschutz und Landschaftspflege.

Für Naturschutz und Landschaftspflege sind außerdem folgende **Stellen in der Verwaltung des Landes Berlin** zuständig:

- Die oberste Behörde ist die Senatsverwaltung für Stadtentwicklung, Umweltschutz und Technologie, Brückenstraße 6, 10179 Berlin, Abt. III, Leitender Senatsrat Prof. Erhard Mahler, Tel.: 24 71 21 00;
- Die sogenannte untere Behörde sind die Naturschutz- und Grünflächenämter der 23 Berliner Bezirke in den Bezirksrathäusern.

Der Landesbeauftragte für Naturschutz und Landschaftspflege in der Senatsverwaltung ist für die fachliche Beratung von Behörden zuständig: Prof. Dr. Herbert Sukopp, Geschäftsstelle: an der Brückenstraße 6, 10179 Berlin, Tel.: 24 71 20 39. Übrigens: Das 56 Paragraphen umfassende Berliner Naturschutzgesetz (11., erweiterte Auflage vom Juli 1996) gibt es kostenlos bei der Senatsverwaltung für Stadtentwicklung, Umweltschutz und Technologie im Referat Öffentlichkeitsarbeit (Erdgeschoß, beim Pförtner fragen), Am Köllnischen Park 3, 10173 Berlin (im Bezirk Mitte), Tel.: 24 71-0.

Gewässerreinhaltung

Für die Berliner Trinkwassergewinnung und Abwasserentsorgung wird derzeit ein Kreislaufmodell getestet. Die Senatsverwaltung für Umweltschutz läßt seit 1995 während der Wintermonate vorgeklärtes Abwasser in die Spree einleiten. Die Idee: Das Wasser soll dem Berliner Haushalt nicht verlorengehen. Ein Kreislauf aus Trinkwassergewinnung und Wiedereinleitung des Abwassers soll entstehen. Langfristig ist vorgesehen, das Kreislaufsystem auch während der Sommermonate und an einer weiteren Stelle im Stadtgebiet einzurichten.

Nach dem Rückgang des Braunkohletagebaus in der Lausitz suchen die Wasserexperten der Berliner Behörden nach einem neuen System. Denn in der Lausitz wird nicht mehr wie in den 60er, 70er und 80er Jahren massiv Wasser in die Spree gepumpt. In Berlin herrscht deshalb Wassermangel. Die Trinkwassergewinnung entzieht dem Grundwasser pro Jahr etwa 370 Millionen Kubikmeter Wasser. Langfristig sieht der Plan deshalb zwei kreislaufartig funktionierende Wassersysteme vor:

1. Eingeleitet wird vom Klärwerk Ruhleben, das Wasser fließt über Spree und Havel zu den Wasserwerken Tiefwerder und Beelitzhof.
2. Eingeleitet wird vom Klärwerk Waßmannsdorf, und das Wasser fließt über den Nottekanal und die Dahme zu den Wasserwerken Köpenick und Johannisthal. So sollen bis zu 90 Prozent des Wasserverlusts ausgeglichen werden.

Bislang fließt das vorgeklärte Abwasser von Ruhleben über eine 15,2 Kilometer lange Rohrleitung nach Lichterfelde in den Teltowkanal und von dort erst südlich Berlins in die Havel. Das Klärwerk Waßmannsdorf leitet über das Rudower Fließ ebenfalls in den Teltowkanal ein.

Ein Problem bringt das Kreislaufmodell mit sich: Bei Einleitung steigt der Anteil von Colibakterien in der Havel zu stark

Ist das Wasser noch sauber? Mehrmals mußten 1996 Badestrände gesperrt werden. Viertakt-Außenbordmotoren wie der von »Con Brio« erfüllen sogar die besonders strenge Bodensee-Norm.

an. Dreimal mußte die Senatsgesundheitsverwaltung im Sommer 1996 Badestellen an der Havel wegen Fäkalbakterien sperren. Die Ursache liegt bei der Berliner Abwasserbeseitigung. Denn seit einigen Jahren wird das Wasser nach der Klärwerksreinigung wie auch aus Regenüberläufen der Kanalisation in die Gewässer und nicht mehr auf Rieselfelder geleitet.

Eine bessere Reinigung des Abwassers könnte durch den Einsatz von Membranfiltern erreicht werden. Das Wasser würde dann mit Hochdruck durch ein sehr feines Sieb gepreßt. Das Verfahren befindet sich aber noch in der Testphase und ist sehr energieaufwendig und daher teuer.

Die Bodenseenorm

Die Wasserqualität im Raum Berlin ist alles andere als zufriedenstellend. Das verwundert auch nicht angesichts der Tatsache, daß hier 3,5 Millionen Menschen in einem industriellen Ballungsgebiet auf engem Raum leben. Und doch ginge es auch anders. Das Beispiel des Bodensees öffnet den Blick dafür, was tatsächlich machbar ist. Die hier verwirklichten Lösungen gelten heute in Europa als beispielhaft. Die Vorgeschichte: Nachdem in den 50er Jahren massive Veränderungen der Wasserqualität durch Abwasser aus Haushalten und der Industrie sowie Ölunfälle bemerkt wurden, gründete sich 1959 die »Internationale Gewässerschutzkommission für den Bodensee«. Diese Bodenseekommission, an der das Land Baden-Württemberg und der Freistaat Bayern für die Bundesrepublik, die Schweizer Eidgenossenschaft und die Republik Österreich beteiligt sind, kümmert sich um alle die Reinhaltung des Gewässers betreffenden Fragen. Mit Erfolg, denn der Bodensee gilt mittlerweile als eindrucksvolles Beispiel dafür, was erreichbar ist, wenn alle Beteiligten wollen. Und dann danach handeln. Um den Schutz des Sees kümmern sich nicht nur Behörden, sondern die gesamte Region mit ihren Verbänden, Industrie- und Landwirtschaftsbetrieben, Kreisverwaltungen und Fremdenverkehrsunternehmen.

Die Verringerung der Einleitungen, strengere Abgasvorschriften für Motorboote, der Verzicht auf Torf und Herbizide in der Landwirtschaft und zukunftsorientierte Projekte wie eine Solarfähre haben dafür gesorgt, daß der Bodensee 1995 während der Naturschutzwoche des Europarates in Straßburg zum Paradebeispiel für gelungenen Naturschutz außerhalb von Schutzgebieten erklärt wurde.

Berlin ist davon weit entfernt. In den acht Klärwerken der Stadt werden jeden Tag 877 000 Kubikmeter Wasser behandelt und anschließend in die Gewässer eingeleitet. Die größte Menge entfällt dabei auf den Teltowkanal und die Spree.

*Die Oberspree bei Oberschöneweide: Mitten in den Industrie-
revieren von Köpenick und Treptow gibt's den Graureiher. Doch
schlechte Wasserqualität könnte seinen Bestand bedrohen.*

Eingeleitet wird aber auch in Nordgraben, Panke, Tegeler See,
Dahme, Wuhle, Erpe und Rudower Fließ. Es handelt sich
zwar um geklärtes, aber trotzdem noch erheblich mit Stick-
stoffverbindungen und Schadstoffen sowie Bakterien bela-
stetes Wasser.

Dazu kommen Einleitungen aus Überläufen, Notauslässen,
Sickergruben, privaten Kläranlagen, Regenwasserkanalisation sowie Kühlwasser von Industrie und Gewerbe. Von ins-
gesamt 82 größeren Einleitern von Kühlwasser und geklär-
tem Abwasser mündet die Hälfte in Dahme und Spree, etwa
20 in den Teltowkanal, 11 in Ober- und Unterhavel.

Von 730 Einleitungsstellen der Regenwasserkanalisation
entfällt der größte Teil auf Spree, Dahme, Landwehrkanal und
Teltowkanal, der allein 300 Einleitungsstellen besitzt.

Regenwasser wird aber auch in den Schäfersee, Flughafen-
see, Dreipfuhl, Obersee, Biesdorfer Baggersee, Tegeler
Fließ, Nordgraben, Zingergraben, Panke, Wuhle und Neu-
hagener Mühlenfließ geleitet.

Eine Wasserreinheit, wie sie im Dreiländereck um den Bodensee politisch gewollt und anschließend in der Praxis
durchgesetzt wurde, scheint in Berlin aber auch aus anderen Gründen so schnell nicht machbar: An der Spree fehlt
den Politikern – anders als den Anrainern des Bodensees –
das Bewußtsein für die Bedeutung des Wassers als Standort-
faktor. Ansätze sind gelegentlich sichtbar. Etwa beim Was-
sersportentwicklungsplan Brandenburgs.

Für die Region insgesamt könnten die beiden Bundesländer, die sich das Wasserkreuz teilen, aber noch viel mehr tun:
Voraussetzung dazu ist, daß sie die zur Verfügung stehenden
Wasserflächen als wichtige Ressource auch für die Haus-
haltskassen erkennen. Und dazu wäre ein engagiertes, syste-
matisches und kooperatives Herangehen vonnöten.

Dann erst wäre vermutlich der Weg geebnet, die Wasser-
welt der Hauptstadt als in mehrfacher Hinsicht schützens-
werten (weil auch geldbringenden) Naturraum vor den Folgen der gedankenlosen Verunreinigungen zu bewahren, die
heute noch an der Tagesordnung sind. Und diesen Naturraum
könnte man den Erholungssuchenden zur Verfügung stellen, die sich den Schutzmaßnahmen (Motorbootfahrverbote,
strengere Abgasnormen, Betankungsverbot von Außenbor-
dern auf dem Wasser, stärkerer Einsatz von Elektro- und So-
larbooten etc.) nicht entziehen.

Elektroboote

Geräuschlos durchs Wasser gleiten – ohne Motorenlärm,
Abgase und Wellenschlag. Wenn Erfinder Thomas Vießmann
auf seine Antriebe für Yachten zu sprechen kommt, wirkt er
wie elektrisiert: »Kosten – Wirkungsgrad – Nachrüstzeit – Um-

»WerkStadt Berlin«: In seinem Wassersportzentrum Müggel-spree in Friedrichshagen verkauft Thomas Vießmann diese um-weltfreundlichen Wanderboote mit selbst entwickelten Elek-tro- und Hybridantrieben.

weltschutz!« Gnadenlos arbeitet er Vorzug für Vorzug ab. Boote mit Strom statt mit Benzin oder Diesel anzutreiben – in der Tat eine faszinierende und vor allem besonders um-weltfreundliche Variante des Wassersports.

Und wenn der Saft aus der Steckdose, der die Batterien für eine Fahrdauer von immerhin etwa zwölf Stunden nonstop unter Höchstbelastung versorgt, nicht reicht, dann hält Vießmann auch noch einen Hybridantrieb im Angebot: Ein kleiner Otto- oder Dieselmotor treibt einen Generator an, der wiederum unablässig Strom in die Batterien nachlädt. Seit 1994 werden im Wassersportzentrum Müggelspree Boote mit Elektro- und Hybridantrieben ausgerüstet. Das Be-sondere: Vießmann setzt bereits vorhandene Komponenten, wie industrielle Elektromotoren, Antriebswellen und Propel-loren, zu Modulen zusammen, die sich schnell und unkom-pliziert ein- und ausbauen lassen. »Damit kann jedes Boot rasch nachgerüstet werden«, versichert der Gründer, Chef und Geschäftsführer des Wassersportzentrums.

Gerade für Segelyachten sei ein zusätzlicher E-Antrieb attraktiv. Der nur neun Kilogramm schwere Elektromotor kann immerhin bis zu sechs Tonnen schwere Boote antreiben. In puncto Kraft braucht sich der kupfergewickelte Winzling nicht zu verstecken: Er verfügt über ein größeres Drehmoment als ein vergleichbarer Diesel, der allerdings höhere Geschwindigkeiten entwickelt.

Vießmann ist sicher, daß den Elektro- und Hybridantrieben die Zukunft gehört. Besonders in Revieren, wo inzwischen Außenbordmotore verboten sind, wie etwa auf dem Bodensee. Aber auch für Berlin hofft er, daß die leise und saubere Fahrt über Flüsse und Seen immer mehr Liebhaber findet.

> **Tip:** Für die Elektroyachten, die im Wassersportzentrum Müggelspree ausgeliehen werden können, braucht man keinen Führerschein. Das ideale Angebot für Freizeitkapitäne ohne eigenes Boot.

Wer also spontan einen Familienausflug der etwas anderen Art machen und leise flüsternd über Berlins Wasserstraßen fahren will: Tel.: 64 180-0.

Solarboote auf der Dahme

Wenn die Sonne auf die Kollektoren der Solartankstelle am Möllhausenufer 30 brennt, gibt's ausreichend Saft für die solargetriebenen Elektroboote. Seit Frühjahr 1995 wandelt an der Dahme (neben dem Strandbad Wendenschloß) die europaweit erste Solartankstelle Sonnenerergie in Strom um. Dort können elektrisch betriebene Sportboote für zwei Mark je Kilowattstunde mit neuer Energie aus der Steckdose versorgt werden. In der Zwischenzeit vertreiben sich die Wassersportler bei einer Tasse Kaffee oder einem Sprung in die Fluten die Zeit.

Aber auch die zum schwimmenden Tankterminal gehörenden 16 Solarboote speisen bei verhangenem Himmel ihre Power für die Wasserfahrt aus der Stromzapfsäule. Zur Auswahl stehen der Solarkatamaran »suncat 21« (bis sechs Personen) und der Zweisitzer »suncat 12«. Ab 15 Mark pro Stunde kann dem nahezu geräuschlosen Fahrspaß gefrönt werden. Die Solarboote erreichen eine Geschwindigkeit von bis zu 10 Kilometern pro Stunde.

Solange die Sonne lacht, ein unbegrenztes Vergnügen. Aber selbst wenn sich die Sonne hinter den Wolken versteckt, sind dank Batteriestrom noch bis zu fünfzehneinhalb Stunden Fahrt möglich. (Öffnungszeiten und detaillierte Preise siehe Serviceteil in Kapitel 11).

Streit um Bootsstege im Röhricht

Ein kleiner Steg liegt, umgeben von hohen Schilfhalmen, am Seddinsee in Köpenick. Diese Idylle ist Anlaß für eine heftige Auseinandersetzung. Der Berliner Senat will den Steg abreißen, die Besitzer wollen ihn behalten. Seit 1993 wird vor dem Verwaltungsgericht gestritten.

Die erste Instanz entschied: Steg kann bleiben. Denn die Bahrs besitzen seit 1958 eine Bewilligung der DDR-Behörden, die nach dem Einigungsvertrag weiterhin rechtsgültig ist. Doch das akzeptierte die Senatsverwaltung für Umweltschutz nicht, sie ging in Berufung.

Die Hartnäckigkeit zielt auf ein angestrebtes, grundsätzliches Verbot: In Berlin gibt es schätzungsweise 3000 Stege, viele durchschneiden den Röhrichtgürtel. Sie gefährden intakte Biotope, heißt der Vorwurf von Ökologen.

Genau die Röhrichtbestände aber sind es, die das Ökosystem der Berliner Gewässer intakt halten: Sie bieten seltenen

Natürliche Ufer – an steinigen Steilhängen kein großes Problem. Gefährdet sind allerdings Schilfgürtel entlang der Berliner Seen.

Vogelarten Nistplätze, bremsen die Algenbildung. Allerdings ging in den letzten drei Jahrzehnten der Röhrichtbestand in Berlin um 70 Prozent zurück. Hauptursache: Wellenschlag fahrender Schiffe.

Das Land Berlin gibt alljährlich mehrere Millionen Mark für den Röhrichtschutz aus. Allein mit Neuanpflanzungen ist es nicht getan. Um den Wellenschlag zu dämpfen, werden sogenannte Lahnungen vor den Ufern im Wasser angebracht.

Auch Privatinitiative hilft den grünen Uferstreifen: Seit Anfang der 80er Jahre pflanzt Rudolf Cajar am Tegeler See Röhricht an. Schilf, Rohrkolben und Wasserlilien sind am Gänsewerder inzwischen zu einem dichten Gürtel zusammengewachsen. 18 Wassersportvereine haben am Tegeler See eine Interessengemeinschaft für Umweltschutz gegründet. »Wir wollen den See wieder aufforsten«, sagt Cajar.

Diesem Anliegen stehen viele der kleinen Privatstege im Wege.

Allerdings brauchen Wassersportvereine keine Angst zu haben, ihre Bootsliegeplätze zu verlieren. Denn gegen große Sammelsteganlagen, die im öffentlichen Interesse liegen, ist die Attacke des Senats nicht gerichtet. Die Erfahrung zeigt, daß gerade Vereine Schilf und Seerosen vorbildlich pflegen.

Motorbootfahrverbote

Nicht jeder kann mit seinem Boot fahren, wie und wann er will. Seit Mai 1995 gibt es eine Verordnung des Bundesverkehrsministeriums über das Fahren mit Sportfahrzeugen auf Bundeswasserstraßen im Land Berlin.

Nachtfahrverbot gilt für Sportboote mit Verbrennungsmotor in der Zeit von 22 Uhr bis 5 Uhr auf allen Teilen der Wasserstraßen, die nicht dem Durchgangsverkehr dienen. Dazu zählen: Tegeler See, Scharfe Lanke, Niederneuendorfer See ab Stromkilometer 10, Große Krampe, Die Bänke, Kleiner Müggelsee, Stößensee.

Eine **Fahrrinnenregelung** besteht für den großen Müggelsee. Diesen dürfen Sportboote mit in Betrieb gesetztem Motor nur innerhalb der mit Fahrwassertonnen gekennzeichneten Fahrrinne befahren. Eine Höchstgeschwindigkeit gilt auch hier: acht Kilometer in der Stunde (5–12 Uhr), 25 Kilometer pro Stunde (15–22 Uhr).

Für die meisten Wasserstraßen bestehen ohnehin **Geschwindigkeitsregelungen**. Auf der Unteren Havel-Wasserstraße zwischen Pichelsdorfer Gemünd und der Pfaueninsel beträgt die zulässige Höchstgeschwindigkeit acht Kilometer pro Stunde, in der Fahrrinne von 5 Uhr bis 22 Uhr 25 km/h und von 22 Uhr bis 5 Uhr zwölf km/h.

Für die Untere Havel-Wasserstraße zwischen Großem Wannsee und Jungfernsee, die Havel-Oder-Wasserstraße zwischen Kilometer 1,0 und 10,0, Tegeler See, Niederneuendorfer See, die Spree-Oder-Wasserstraße von Kilo-

Zu hoher Wellenschlag schnell fahrender Schiffe zerstört die sensible Ufervegetation – und auch die Nester der Vögel, die oft nur in den schmalen Zonen entlang der Fließe und Seen nisten.

meter 33,25 bis 45,0, Seddinsee, Dämeritzsee und Zeuthener See gilt:

– Innerhalb des ufernahen Schutzstreifens (100 Meter zum Ufer) sind höchstens acht Stundenkilometer erlaubt.
– Außerhalb des Schutzstreifens von 5 Uhr bis 12 Uhr und 15 Uhr bis 22 Uhr gilt die Höchstgeschwindigkeit von 25 km/h.

KAPITEL 11

Service: Wasserfahrtsport in Berlin

Vereine

Berlin ist auf dem besten Weg, die »Hauptstadt des Wassersports« zu werden. So sieht es zumindest aus, schaut man auf die Medaillenausbeute der 80 Berliner Olympioniken von 1996. Sechs der sieben Atlanta-Goldmedaillen für Berlin kamen auf das Konto von Wasserfahrsportlern.

Doch die weltbesten Berliner Segler, Ruderer und Kanuten repräsentieren nur einen Teil des reichhaltigen Sporttreibens auf den Berliner Gewässern. Etwa 30 000 bootsbegeisterte Berliner sind in knapp 250 Vereinen aktiv. Vom Freizeitsport, wie Kanuwandern, übers »exotische« Kanupolo oder Drachenbootfahren bis zum olympiaorientierten Training wird alles geboten.

14 000 in 116 Vereinen organisierte Berliner haben das Segeln zu ihrer Lieblingssportart erkoren – Platz 1 bei den Bootssportarten. Rudern folgt auf der Beliebtheitsskala mit 7400 Aktiven in 59 Vereinen auf Platz 2. Und bei den Kanuten engagieren sich 3 700 Berliner in 49 Vereinen.

Für alle, die ebenfalls meinen: In der Gemeinschaft macht Wasserfahrsport erst richtig Spaß, hier die **Adressen und Telefonnummern der Berliner Bootssportvereine,** geordnet nach:
– Segelvereinen,
– Motorsportclubs,
– Kanuvereinen,
– Rudervereinen.

Segel-Vereine

Bezirk Dahme:

BTB – Berliner Tourenseglerclub Blau-Weiß e.V., Geschäftsstelle und Liegeplatz: Grünauer Straße 213, 12557 Berlin
Tel.: 657 56 52

DJC – Dahme Jacht Club e.V., Geschäftsstelle: Regina Koch, Friedrich-Wolf-Straße 64, 12527 Berlin Tel.: 320 922 51, Liegeplatz: Seddinpromenade 3, 12 527 Berlin
Tel.: 675 94 94

Köpenicker Sport Club Segeln, Geschäftsstelle und Liegeplatz: Grünauer Straße 85/111, 12 557 Berlin, Tel.: 656 02 55

PSB Dahme – Postsportverein Berlin e.V., Segelabteilung Dahme, Geschäftsstelle: Frank Boelke, Ortolfstraße 174, 12 524 Berlin
Liegeplatz: Grünauer Straße 193, 12 557 Berlin

RYCTB – Ruder- und Yachtclub Turbine Berlin e.V., Abt. Segeln, Geschäftsstelle: Monika Nitz, Andreasstraße 30, 10243 Berlin
Tel.: 429 89 74, Liegeplatz: Regattastraße 183–185, 12 527 Berlin
Tel.: 676 47 84

SCA 1921 – Segelclub Aegir e.V., Geschäftsstelle: Dr. Jochen Baudisch, Greifswalder Straße 121, 10409 Berlin
Tel.: 421 75 18 oder 23 19-13 01 (dienstlich), Liegeplatz: Krampenburger Weg 17a, 12 559 Berlin
Tel.: 659 67 86

SCB von 1898 – Segelclub Brise von 1898 e.V., Geschäftsstelle: Siegfried Bittner, Pritsabelstraße 1d, 12557 Berlin
Tel.: 651 36 55, Liegeplatz: Wendenschloßstraße 390, 12557 Berlin
Tel.: 655 92 44

SCF 1891 – Segelclub Fraternitas 1891 e.V., Geschäftsstelle und Liegeplatz: Wendenschloßstraße 378, 12557 Berlin
Tel.: 651 10 19

SCK – Segelclub Karolinenhof e.V., Geschäftsstelle: Peter Offermann, Dörpfeldstraße 114, 12489 Berlin,
Tel.: 671 18 32
Liegeplatz: Rehfeldtstraße 10–11, 12 527 Berlin
Tel.: 675 94 63

SCR – Segel-Club Rohrwall e.V., Geschäftsstelle: Dieter Wegener, Pablo-Picasso-Straße 7, 13057 Berlin,
Tel.: 533 43 42

Liegeplatz: Große Rohrwallinsel, Sportpromenade 12, 12 527 Berlin
Tel.: 675 82 95

SCS – Segel-Club Seddin e.V., Geschäftsstelle: Christian Mentzel, Eichenstraße 4, 13 156 Berlin
Tel.: 01 72/308 83 71
Liegeplatz: Am Seddinsee 13, 12527 Berlin
Tel.: 675 82 54

SGSB – Sportgemeinschaft Seesegeln Berlin e.V., Geschäftsstelle: Dr. Elmar Julier, Salzmannstraße 29, 10319 Berlin
Tel.: 511 25 55
Liegeplatz: Wassersportzentrum Dänholm-Nord, Stralsund

SGW – Segelgemeinschaft Wendenschloß e.V., Geschäftsstelle: Norbert Wacker, Igelsteig 14, 12557 Berlin
Tel.: 656 95 18
Liegeplatz: Peter-Gast-Weg 2a, 12557 Berlin
Tel.: 651 25 66

TSG 1898 – Freie Vereinigung der Tourensegler Grünau 1898 e.V., Geschäftsstelle und Liegeplatz: Im Jagen 37, 12527 Berlin
Tel.: 675 80 31

VSW – Verein Schmöckwitzer Wassersportler e.V.,

Geschäftsstelle: Christian Horschig, Landsberger Allee 180/18.02, 10369 Berlin
Tel.: 975 02 92
Liegeplatz: Jagen 37, 12 527 Berlin
Tel.: 675 82 41

WLS – Wassersportvereinigung am Langen See e.V., Geschäftsstelle: Walter Schell, Stillerzeile 59, 12587 Berlin
Tel.. 645 33 84
Liegeplatz: Im Jagen 37, Windwallstraße, 12527 Berlin
Tel.: 675 52 72

WSV 1921 – Wassersport-Verein 1921 e.V., Geschäftsstelle: Jörg Lehmann, Granitzstraße 30, 13189 Berlin
Tel.: 472 14 54 (privat), 033 02/804 260 (dienstlich)
Liegeplatz: Rohrwallallee 87–95, 12 527 Berlin
Tel.: 675 85 30

WSVK – Wassersportverein Karolinenhof e.V., Geschäftsstelle und Liegeplatz: Rohrwallallee 3, 12527 Berlin
Tel.: 675 95 23

YCW – Yachtclub Wendenschloß e.V., Geschäftsstelle und Liegeplatz: Niebergallstraße 34, 12557 Berlin
Tel.: 651 35 80

Bezirk Müggelsee

CSV – Cöpenicker Segler-Verein e.V., Geschäftstelle: Prof. Dr. Hans-Ulrich Delius,

Scharnweberstraße 39,
12 587 Berlin
Liegeplatz: Friedrichshagener
Straße 8, 12555 Berlin
Tel.: 657 20 48

SCW – Segel-Club Wiking im
Polizei-Sportverband Berlin
e.V., Geschäftsstelle und
Liegeplatz: Buttenstedtweg
18-26, 12587 Berlin
Tel.: 645 57 88

SGaM – Segelgemeinschaft am
Müggelsee e.V.,
Geschäftsstelle: Hans-Georg
Hornig, Rüdesheimer Straße 37,
14197 Berlin
Tel.: 821 62 66
Liegeplatz:
Müggelschlößchenweg 1,
12 557 Berlin
Tel.: 01 72/435 30 00

SGH – Sportgemeinschaft
Hirschgarten e.V.,
Geschäftsstelle: Manuela
Reddig, Griechische Allee 26,
12459 Berlin
Tel.: 637 31 73
Liegeplatz: Salvador-Allende-
Straße 82, 12555 Berlin
Tel.: 645 18 11

SGL – Segler-Gemeinschaft
Luftfahrt, Geschäftsstelle:
Bernd Koall, Handjerystraße 48,
12489 Berlin
Tel.: 677 36 26
Liegeplatz: Dorfstraße 10a,
Insel Dreibock, 12589 Berlin
Tel.: 648 02 21

SVR – Seglerverein Rahnsdorf
1926 e.V., Geschäftsstelle und
Liegeplatz: An den Bänken 44,
12 589 Berlin
Tel.: 648 94 57

YCBG – Yachtclub Berlin
Grünau e.V., Geschäftsstelle
und Liegeplatz:
Müggelseedamm 72,
12587 Berlin
Tel.: 645 18 68

Bezirk Tegel

BMS – Berliner Modell-Segler
e.V., Geschäftsstelle: Ilse
Höfler, Im Wolfsgarten 6,
14 612 Falkensee,
Tel.: 033-22/235 712,
Liegeplatz: An der
verlängerten Daumstraße 19.

CNFT – Club Nautique
Français Tegel, Geschäftsstelle
und Liegeplatz:
Schwarzer Weg,
An der Malche, 13505 Berlin
Tel.: 434 40 17

FSJ – Fahrten-Segler Jörsfelde
e.V., Geschäftsstelle: Peter
Zeidler, Wilhelmsruher
Damm 87, 13439 Berlin
Tel.: 416 53 65,
Liegeplatz: Hennigsdorfer
Straße 39, 13503 Berlin
Tel.: 431 99 45

HSC – Heiligenseer Segel-Club
e.V., Geschäftsstelle: Peter
Görke, Guhlener Zeile 7a,
13435 Berlin
Tel.: 415 20 87

Die H-Jolle Dorado mit Skipper Friedrich von Kessel und Crew Constanze von Blomberg auf der Scharfen Lanke – klarmachen zum letzten Schlag vor dem Einlaufen in die Marina-Lanke-Werft.

Liegeplatz: Hennigsdorfer Straße 83, 13503 Berlin

JSC – Joersfelder Segel-Club e.V., Geschäftsstelle: Postfach 270 143, 13471 Berlin
Tel.: 436 71 266
Liegeplatz: Marlenestraße 16–19, 13505 Berlin
Tel.: 436 71 267

PSV-WSA – Polizei-Sportverein Berlin e.V.,

Wassersport-Abteilung, Geschäftsstelle und Liegeplatz: Mertensstraße 140, 13587 Berlin
Tel.: 335 33 87

SCF – Segel-Club »Freia« e.V., Geschäftsstelle und Liegeplatz: Bernauer Straße/Uferweg, 13507 Berlin
Tel.: 432 77 87

SCF-H – Segel-Club »Frithjof-Haveleck« e.V.,
Geschäftsstelle: Dietrich Lukascheck, Rubensstraße 35, 12159 Berlin
Tel.: 855 54 25
Liegeplatz: Insel Valentinswerder Nr. 15, 13599 Berlin
Tel.: 334 40 15

SCN – Segel-Club Nordstern e.V., Geschäftsstelle und Liegeplatz: Elkartweg 28, 13 587 Berlin
Tel.: 335 25 58

SCO – Segel-Club Odin e.V., Liegeplatz: Bernauer Straße 142z, 13507 Berlin
Tel.: 432 73 92

SCS – Segel-Club Spandau e.V., Geschäftsstelle: Lutz Wagner, Bärbelweg 18a, 13505 Berlin
Tel.: 431 22 12
Liegeplatz: Elkartweg 18, 13587 Berlin
Tel.: 335 25 70

SKN – Segel-Klub Nixe e.V., Geschäftsstelle: Wolfgang Koster, Am Pfingstberg 17, 13467 Berlin
Tel.: 404 96 85,
Liegeplatz: Bernauer Straße/Uferweg, 13507 Berlin
Tel.: 432 34 38

SSCO – Saatwinkler Segel-Club ODIN e.V.,
Geschäftsstelle: Ralf Heim, Hermsdorfer Damm 26a, 13467 Berlin

Tel.: 404 06 25,
Liegeplatz: Im Saatwinkel 31a, 13599 Berlin
Tel.: 334 29 21

SVT – Segler-Vereinigung Tegel e.V., Geschäftsstelle: Joachim Helmuth, Germaniastraße 32, 12099 Berlin
Tel.: 751 40 11,
Liegeplatz, Clubhaus und Hafen: An der Malche, 13507 Berlin
Tel.: 433 77 40

TSC – Tegeler Segel-Club e.V., Geschäftsstelle: Wulf Biel, Zeltinger Straße 12, 13465 Berlin
Liegeplatz: Schwarzer Weg, 13505 Berlin
Tel.: 433 98 35

TSV – Touren-Segler-Vereinigung e.V., Geschäftsstelle: Wolfgang Puls, Prinzregentenstraße 41, 10715 Berlin
Tel.: 853 36 37,
Liegeplatz: Neheimer Straße/Uferweg, 13507 Berlin
Tel.: 432 35 49

VSS – Verein Schmöckwitzer Segler, Geschäftsstelle: Gerhard Ackermann, Fährstraße 31, 13503 Berlin
Liegeplatz: Sandhauser Straße 129, 13503 Berlin
Tel.: 431 83 22

W 11 – Wannseeaten 1911 e.V., Geschäftsstelle und Liegeplatz: Elkartweg 30 (Am Rust), 13587 Berlin
Tel.: 335 88 89

WGSO – Wassersport-Club Grün-Silber-Orange Berlin 1952 e.V., Geschäftsstelle: Erwin Seifert, Burscheider Weg 11e, 13599 Berlin Tel.: 334 56 12, Liegeplatz: Verlängerte Daumstraße, 13599 Berlin, am Zitadellensee

WS 04 – Wasserfreunde Spandau 04 e.V., Geschäftsstelle: Edwin Willenbacher, Helmstedter Straße 32a, 10 717 Berlin Tel.: 213 77 34, Liegeplatz: Marina Oberhavel, Havelschanze, 13587 Berlin

WSCS – Wasser-Sport-Club Siemensstadt e.V., Geschäftsstelle: Gerhard Maaß, Dahlmannstraße 30, 10629 Berlin Tel.: 324 71 96, Liegeplatz: Im Saatwinkel 55a, 13599 Berlin Tel.: 334 31 31

WSV 1929 – Wassersport-Vereinigung 1929 e.V., Geschäftsstelle und Liegeplatz: Im Saatwinkel 27, 13599 Berlin Tel.: 334 93 67

YCT – Yacht-Club Tegel e.V., Geschäftsstelle: Dieter Pieczinski, Wattstraße 2, 13629 Berlin Tel.: 382 68 03, Liegeplatz: Bernauer Straße/Uferweg, 13507 Berlin

Bezirk Unterhavel

ASC – Akademischer Segel-Club zu Berlin e.V., Geschäftsstelle: Prof. Dr. Kurt Haedecke, Plöner Straße 30, 14193 Berlin Tel.: 826 10 69, Liegeplatz: Siemenswerderweg 35, 13595 Berlin Tel.: 361 32 51

ASV – Akademischer Segler-Verein, Geschäftsstelle und Liegeplatz: Scharfe Lanke 57-61, 13595 Berlin Tel.: 361 50 00

AVH – Akademischer Verein Hütte e.V., Geschäftsstelle: AV Hütte, Segelabteilung, Carmerstraße 12, 10623 Berlin Tel.: 313 90 76, Liegeplatz: Am Pichelssee 19, 13595 Berlin Tel.: 361 40 43

BSG-BfA – Betriebs-Sport-Gemeinschaft der BfA e.V., Abteilung Segelsport, Geschäftsstelle: BSG-BfA Harri Wojtko, Postfach, 10704 Berlin Tel.: 865 223 13, Liegeplatz: Segelschule Havel, 13595 Berlin

BSV 84 – Brandenburgische Segler-Vereinigung von 1984 e.V., Geschäftsstelle: Klaus-Peter Voigt, Meraner Straße 5, 10825 Berlin Tel.: 853 98 93, Liegeplatz: Wannsee/Unterhavel

DBYC – Deutsch-Britischer Yacht-Club e.V., Geschäftsstelle und Liegeplatz: Kladower Damm 217a, 14089 Berlin
Tel.: 309 25 53

DSC – Deutscher Segler-Club e.V., Geschäftsstelle: Alfred Lesche, Zabel-Krüger-Damm 181, 13469 Berlin
Tel.: 402 79 79,
Liegeplatz: Kladower Damm 55, 14089 Berlin
Tel.: 365 49 56

FSaP – Fahrten-Segler am Postfenn e.V., Geschäftsstelle: Werner Labenz, Veronikasteig 6, 14163 Berlin
Tel.: 801 15 25,
Liegeplatz: Havelchaussee 108, 14055 Berlin
Tel.: 304 82 37

KaR – Klub am Rupenhorn e.V., Geschäftsstelle und Liegeplatz: Havelchaussee 119, 14055 Berlin
Tel.: 304 80 05

KBYC – Kurfürstlich-Brandenburgischer Yacht-Club 1975 e.V., Geschäftsstelle: Heidi Jordan, Kurfürstenstraße 71, 12105 Berlin
Tel.: 706 67 67,
Liegeplatz: Scharfe Lanke

MBSV – Makkabi Berlin e.V., Seglervereinigung, Geschäftsstelle: Winfried Melchers, Suarezstraße 26, 14057 Berlin
Tel.: 322 41 08

MYC – Modell-Yacht-Club Berlin e.V., Geschäftsstelle: H. Voelz, Simpsonweg 21c, 12305 Berlin
Tel.: 745 29 73

PostSV – Postsportverein Berlin e.V., Segelabteilung Stößensee, Geschäftsstelle: Körnerstraße 7–10, 10 785 Berlin
Tel.: 265 11 91,
Liegeplatz: Siemenswerder Weg 57, 13595 Berlin
Tel.: 361 18 71

RVSL – Regatta Verein Scharfe Lanke e.V., Geschäftsstelle: Rainer Mohnhaupt, Beckerstraße 8, 12157 Berlin
Tel.: 855 38 64,
Liegeplatz: Scharfe Lanke 131, 13595 Berlin

SCA 1967 – Segel-Club Albatros Berlin e.V., Geschäftsstelle: Heinz Tschichholz, Pestalozzistraße 104, 10625 Berlin
Tel.: 312 16 95

SCG – Segler-Club Gothia e.V., Geschäftsstelle und Liegeplatz: Bocksfeldstraße 21, 13595 Berlin
Tel.: 361 56 52

SC Gatow – Segel-Club Gatow e.V., Geschäftsstelle: Manfred Beckert, Johannisberger Straße 3, 14197 Berlin
Tel.: 821 08 43,
Liegeplatz: Gatower Straße 259, 14089 Berlin

SCO – Segler-Club Oberspree
e.V., Geschäftsstelle: Ingrid
Voge, Steinmeisterweg 14,
13593 Berlin
Tel.: 362 48 85,
Liegeplatz: Sakrower Kirchweg
73, 14089 Berlin
Tel.: 365 35 17

SCOH – Segel-Club Oberhavel
e.V., Geschäftsstelle:
Karl-Heinz Czeranski,
Ramlerstraße 20, 13355 Berlin
Tel.: 464 17 50,
Liegeplatz:
Siemenswerderweg 63,
13595 Berlin
Tel.: 361 13 90

SCP – Segel-Club
Pichelswerder e.V.,
Geschäftsstelle: Karl-Heinz
Baumgard, Milanstraße 23,
13505 Berlin
Tel.: 431 19 16,
Liegeplatz:
Siemenswerderweg 33,
13595 Berlin
Tel.: 361 04 68

SGR – Segelgemeinschaft
Rupenhorn e.V.,
Geschäftsstelle: Lutz Reuer,
Kantstraße 69, 10627 Berlin
Liegeplatz: Havelchaussee 113,
14055 Berlin

SMB Berlin – Seemannschaft
Berlin e.V., Geschäftsstelle:
Planungsbüro Zilch,
Gardeschützenweg 72,
12203 Berlin
Tel.: 833 93 34,
Liegeplatz: Am Pichelssee 7,
13595 Berlin
Tel.: 361 91 87

SpYC – Spandauer Yacht-Club
e.V., Geschäftsstelle und
Liegeplatz: Scharfe Lanke
31–35, 13595 Berlin
Tel.: 361 57 17, 361 96 28

SVH – Segelvereinigung Havel
e.V., Geschäftsstelle:
Siemenswerderweg 15,
13595 Berlin
Tel.: 361 25 78,
Liegeplatz:
Siemenswerderweg 15,
Südhang an der Heerstraße,
13595 Berlin

SVSL – Segler-Verein Scharfe
Lanke, Geschäftsstelle: Lothar
Kramer, Am Forstacker 25,
13587 Berlin
Tel.: 337 97 00,
Liegeplatz: Scharfe Lanke
10–14, 13595 Berlin
Tel.: 362 30 03

SVSt – Segler-Verein Stößensee
e.V., Geschäftsstelle und
Liegeplatz: Havelchaussee 129,
14055 Berlin
Tel.: 304 05 81

SVUH – Segler-Vereinigung
Unter-Havel e.V.,
Geschäftsstelle und Liegeplatz:
Scharfe Lanke 133b,
13595 Berlin
Tel.: 361 56 71

VdHSSB – Vereinigung der
Hochschulsegler Berlin e.V.,
Geschäftsstelle: Harald
Schwitters, Motzstraße 52,
10777 Berlin
Tel.: 213 91 93

VSJ – Verein Spandauer Jollensegler e.V., Geschäftsstelle: Franz-Jürgen Maaß, Zeppelinstraße 5, 13583 Berlin
Tel.: 372 51 18,
Liegeplatz: Siemenswerderweg 55, 13595 Berlin
Tel.: 362 33 21

VWG – Versehrten-Wassersport-Gemeinschaft e.V., Geschäftsstelle und Liegeplatz: Havelchaussee 115, 14055 Berlin
Tel.: 413 33 04

Wa.C.K. – Wassersportclub Kladow e.V., Geschäftsstelle: Klaus Schach, Alt-Kladow 1, 14089 Berlin
Tel.: 365 50 50,
Liegeplatz: Imchenallee 48, 14 089 Berlin

WSV 22 – Wander-Segler-Verein 1922 e.V., Geschäftsstelle und Liegeplatz: Heerstraße 168, 13595 Berlin
Tel.: 361 28 17

WWVB – Wochenendsiedlung- und Wassersportvereinigung Bocksfelde e.V., Wassersportabteilung, Geschäftsstelle und Liegeplatz: Bocksfeldstraße 25, Parzelle Fliederweg 1, 13595 Berlin
Tel.: 361 67 06

YCF – Yacht-Club Frithjof-Stößensee e.V., Geschäftsstelle: Hans-Jürgen

Wichmann, Löwensteinring 11, 12353 Berlin
Tel.: 603 05 08,
Liegeplatz: Siemenswerderweg 59, 13595 Berlin
Tel.: 361 20 25

YCM – Yacht-Club Müggelsee e.V., Geschäftsstelle: Rüdiger Schmidt, Bismarckallee 39a, 14193 Berlin
Tel.: 825 51 10,
Liegeplatz: Havelchaussee Insel Lindwerder, 14193 Berlin
Tel.: 803 64 80

YCSt – Yacht-Club Stößensee e.V., Geschäftsstelle und Liegeplatz: Steffenhorn 5, 13595 Berlin
Tel.: 361 25 02

Bezirk Wannsee

AIYCB – American International Yacht-Club Berlin e.V., Geschäftsstelle und Liegeplatz: Am Sandwerder 17–19, 14 109 Berlin
Tel.: 802 41 86

BRC-WP – Berliner Ruder-Club »Welle Poseidon« e.V., Geschäftsstelle: Klaus Just, Friedrich-Wilhelm-Straße 85, 12099 Berlin
Tel.: 603 05 52,
Liegeplatz: Am Großen Wannsee 46a, 14109 Berlin
Tel.: 805 17 41

BSV – Baltische Segler-Vereinigung e.V., Geschäftsstelle: Manfred Hoffmann, Sylter Straße 7,

14199 Berlin
Tel.: 824 44 67,
Liegeplatz: Am Großen
Wannsee 20, 14109 Berlin
Tel.: 805 10 15

BSV 07 – Berliner Segler-
Verein 1907 e.V.,
Geschäftsstelle: Heinz Timm,
Leydenallee 63, 12 167 Berlin
Tel.: 791 45 04 (kein
Liegeplatz)

BYC – Berliner Yacht-Club,
Geschäftsstelle und Liegeplatz:
Wannseebadweg 55,
14129 Berlin
Tel.: 803 14 15

DSSB – Deutscher
Seefahrtbund e.V. Berlin,
Geschäftsstelle: Dieter
Rohrbach, Welserstraße 4,
10777 Berlin
Tel.: 213 51 24,
Liegeplatz:
Kladower Damm 35–37,
14 089 Berlin
Tel.: 362 45 68

Dt.12er – Deutsche Zwölfer
Vereinigung e.V.,
Geschäftsstelle: Dr. Detlof
Lichtenberg, c/o Voss & Schild
GmbH, Knesebeckstraße 30,
10623 Berlin
Tel.: 801 40 01 (kein
Liegeplatz)

HC – Havel-Club e.V.,
Geschäftsstelle und Liegeplatz:
Am Großen Wannsee 36,
14109 Berlin
Tel.: 805 30 96

MYCvD – Motor-Yacht-Club
von Deutschland e.V.,
Geschäftsstelle und Liegeplatz:
Scabellstraße 10–11,
14109 Berlin
Tel.: 803 85 87, 803 55 09

PYC – Potsdamer Yacht Club
e.V., Geschäftsstelle und
Liegeplatz: Königstraße 3a,
14109 Berlin
Tel.: 805 35 58

SCA – Segel-Club »Ahoi« e.V.,
Geschäftsstelle: Jens Rasmus,
Vesterzeile 3, 14165 Berlin
Tel.: 815 10 01,
Liegeplatz: Am Großen
Wannsee 50, 14109 Berlin
Tel.: 805 37 61

SCH.z.B. – Schiffergilde zu
Berlin e.V., Geschäftsstelle:
Martina Waltner,
Berlepschstraße 1,
14165 Berlin
Tel.: 815 97 88 (d.),
801 26 02 (p.)

SCWB – Segelclub Wannsee
e.V., Geschäftsstelle und
Liegeplatz: Am Großen
Wannsee 12f, 14109 Berlin
Tel.: 805 62 66

SKB – Segelkameradschaft
Berlin e.V., Geschäftsstelle:
SKB e.V., Klaus Zierep,
Obstallee 18, 13593 Berlin
Tel.: 363 95 47

SVAB – Segler-Verein Alsen
Berlin e.V., Geschäftsstelle und
Liegeplatz: Am Großen

Wannsee 54, 14109 Berlin
Tel.: 805 17 22

SVDUC – Seglervereinigung
des Deutschen
Unterwasserclub Berlin e.V.,
Geschäftsstelle: Gerhard
Ramm, Zimmermannstraße 17,
12163 Berlin
Tel.: 792 53 93,
Liegeplatz: Am Großen
Wannsee 42, 14109 Berlin

SV 03 – Seglervereinigung
1903 Berlin e.V.,
Geschäftsstelle und Liegeplatz:
Wannseebadweg 40,
14129 Berlin
Tel.: 803 55 64

SVS – Seglerverein
Schwanenwerder e.V.,
Geschäftsstelle: Sabine
Suchanek, Verlängerte
Georgenstraße 37,
12209 Berlin
Liegeplatz: Inselstraße 20–22,
14129 Berlin

VFSW – Verein Fahrten-Segler
Wannsee e.V., Geschäftsstelle:
Helmut Vater, Emil-Fischer-
Straße 11, 14109 Berlin
Tel.: 805 33 25,
Liegeplatz: Am Großen
Wannsee 34, 14109 Berlin
Tel.: 805 36 56

VSaW – Verein Seglerhaus am
Wannsee, Geschäftsstelle und
Liegeplatz: Am Großen
Wannsee 22–26, 14109 Berlin
Tel.: 805 20 06

WSeV – Wind-Surfing Verein
Berlin e.V., Geschäftsstelle:
Ingrid Oppermann, Drewitzer
Straße 54, 13467 Berlin
Liegeplatz: Wannseebadsteig
44a, 14 129 Berlin
Tel.: 803 36 84

WSFW – Wassersportfreunde
e.V. Wannsee, Geschäftsstelle:
Manfred Lerch,
Zimmermannstraße 13,
12163 Berlin
Tel.: 860 03 300 (d.),
791 44 08 (p.),
Liegeplatz: Am Großen
Wannsee 60, 14109 Berlin
Tel.: 805 21 92

WSW – Wassersportgemein-
schaft Wannseehafen e.V.,
Geschäftsstelle: Joachim
Wiegmann, Nikischstr. 1,
14193 Berlin
Liegeplatz: Badeweg 1,
14129 Berlin
Tel.: 803 47 43

WVAC – Wassersportliche
Vereinigung Alter
Corpsstudenten, Tel. der
Geschäftsstelle: 882 23 83.
Liegeplatz: Königstraße 3b
und 4, 14109 Berlin

ZSV – Zeuthener Segler-Verein
e.V., Geschäftsstelle: Birgit
Tobias,
Berchtesgadener Straße 15,
10825 Berlin
Tel.: 781 62 89,
Liegeplatz: Am Großen
Wannsee 56, 14109 Berlin,
Tel.: 805 20 53.

Bezirk Zeuthen

BSV AdW – Berliner Sportverein Akademie der Wissenschaften e.V., Geschäftsstelle: Klaus Weißhaupt, Rathausstraße 7, 10178 Berlin
Tel.: 241 28 31,
Liegeplatz: Platanenallee 7, 15738 Zeuthen
Tel.: 03 37 62-303 76

SCA 1909 – Segel-Club Argo e.V. 1909, Geschäftsstelle: Gerhard Kersten, Argoallee 9, 12527 Berlin
Tel.: 533 48 97,
Liegeplatz: Argoallee 17, 12527 Berlin
Tel.: 675 92 46

SCZ – Segelclub Zeuthen e.V., Geschäftsstelle: Irma Perthen, Segelfliegerdamm 32, 12487 Berlin
Liegeplatz: Eichenallee 13, 15738 Zeuthen

SGR – Segelgemeinschaft Rauchfangswerder e.V., Geschäftsstelle: Dieter Below, Holzmarktstraße 62, 10179 Berlin
Liegeplatz: Moßkopfring 25b, 12527 Berlin
Tel.: 675 60 97

VBS – Verein Berliner Segler e.V., Geschäftsstelle und Liegeplatz: Fährallee 31, 12527 Berlin
Tel.: 675 81 51

ZYC – Zeuthener Yachtclub e.V., Geschäftsstelle: Heinz Schumann, Gensinger Straße 94, 10315 Berlin
Tel.: 513 52 32,
Liegeplatz: Niederlausitzstraße 12, 15738 Zeuthen
Tel.: 033 762/709 77

Brandenburger Vereine im Revier Zeuthen

SCK – Segelclub Krüpelsee e.V., Geschäftsstelle: Andreas Wilmar,
Tel.: 561 77 93,
Liegeplatz: Seestraße 4, 15711 Neue Mühle,
Tel.: 033 75/295 141

SGZ – Segelgemeinschaft Zeuthen, Geschäftsstelle: Rüdiger Möhricke, Hasselwerderstraße 33, 12439 Berlin
Tel.: 632 66 53,
Liegeplatz: Dorfaue 3, 15738 Zeuthen
Tel.: 033 762/24 87

SVN – Segelverein Neander e.V., Geschäftsstelle: Harry Wittenburg, Lea-Grundig-Straße 22, 12679 Berlin
Tel.: 545 59 13,
Liegeplatz: Fontaneallee 6, 15738 Zeuthen

YCZ – Yachtclub Zernsdorf e.V., Geschäftsstelle und Liegeplatz: Seestraße 5, 15758 Zernsdorf
Tel.: 033 75/32 75

Motorsportclubs

Postsportverein Berlin,
Geschäftsstelle:
Körnerstraße 7–10,
10785 Berlin
Tel.: 265 11 91

Motorbootclub Spandau, e.V.,
Erhard Ritzleben, Emdener
Straße 45, 10551 Berlin
Tel.: 395 52 28

Motor-Rennboot-Club e.V.
Hans-Georg Krage,
Richardstraße 95,
12043 Berlin
Tel.: 687 21 95

Motor-Yacht-Club Tegel e.V.
Borsighafen, Helmut Schenk,
Gutachstraße 8, 13469 Berlin

**Motor-Yacht-Club von
Deutschland** e.V., Harry
Krüger, Cimbernstraße 11s,
14129 Berlin
Tel.: 803 52 27

Hakenfelder Yachtclub e.V.,
Manfred Mäkel, Elsebusch,
29471 Gatow

**Motorboot-Club
Charlottenburg** e.V.,
Pichelssee, Roman Krentz,
Mörchinger Straße 37,
14169 Berlin

Wasserfreunde Spandau 04
e.V., Abt. Bootssport, An der
Zitadelle Oberhavel, Joachim
Schensick, Borkumer Straße 2,
13581 Berlin

Tel.: 332 22 27,
Tel.: (Clubhaus) 334 13 29

Wasserski-Club Berlin e.V.,
Großer Wannsee Unterhavel,
Dr. Hans Ulrich, Sakrower
Kirchweg 39a, 14089 Berlin
Tel.: 365 10 48

Wassersportfreunde Berlin
e.V. Oberhavel, Hans-Joachim
Gleffe, Thyssenstraße 2,
13407 Berlin
Tel.: 414 33 79

Wassersportfreunde Imchen
e.V., Insel Imchen, Heinz
Lönnig, Kelheimer Straße 8,
10777 Berlin
Tel.: 211 35 89

**Wassersportgemeinschaft
Kleiner Wannsee** e.V., Klaus
Lachmann, Königstraße 69,
14109 Berlin
Tel.: 803 39 80

Wassersportverein Tegel-Süd
e.V., Tegeler See, Edgar
Schulze, Treskowstraße 25,
13507 Berlin

WSG Eintracht Orania e.V.,
Dieter Rosenfeld, Rudolf-
Grosse-Straße 11,
16516 Oranienburg

**Wassersport-Club Grün-
Silber-Orange** e.V.,
Zitadellensee an der
Oberhavel, Erwin Seifert,

Burscheider Weg 11e,
13599 Berlin
Tel.: 334 56 12

**Wassersportverein
Weinmeistergrund** e.V. an der
Unterhavel, Dieter Klüsener,
Lilienstraße 5, 12203 Berlin

Yacht-Club Skipper e.V.,
Peter Thoms, Düppelstraße6,
14163 Berlin
Tel.: 802 92 60

Bootshaus Am Küstergarten
e.V., Müggelspree, Siegfried
Donner, Harnackstraße 18,
10365 Berlin

MC Grünau, Langer See,
Gerhard Gollmer,
Steinbachstraße 41,
12489 Berlin
Tel.: 677 34 08

MC Oberspree e.V.,
Spree/Oberschöneweide,
Manfred Schrader,
Palisadenstraße 36a,
10243 Berlin
Tel.: 427 30 47

Yachtclub 88 e.V., Hans-
Jürgen Kroll, Haller Straße 27,
10587 Berlin
Tel.: 393 04 14

**Berliner
Wassersportvereinigung** e.V.,
Michael Kliesow, Fehrbelliner
Straße 28, 13585 Berlin
Tel.: 375 95 226

Wassersportclub Wiesengrund
e.V., Tegeler See,
Wolfgang Buchholz,
Im Erpelgrund 68,
13503 Berlin
Tel.: 431 03 52

MC Müggelsee e.V.,
Müggelspree,
Werner Grunow,
Damerowstraße 4a,
13187 Berlin
Tel.: 483 03 48

**Motorbootclub
Wendenschloß** e.V.,
Langer See,
Horst Hemmerling,
Dorotheenstraße 9,
12557 Berlin
Tel.: 651 68 21

Motorwassersportclub 1190
e.V., Spree/Oberschöneweide,
Heinz Pfaffe,
Hermannstraße 92,
12051 Berlin
Tel.: 685 76 05

**Wassersport-Club MC Alt-
Stralau** e.V., Rummelsburger
See, Ingeborg Sasse,
Alfred-Döblin-Straße 8,
12697 Berlin
Tel.: 935 95 65

Köpenicker Solarbootverein
e.V., Langer See,
Holger Kaselow,
Alfred-Randt-
Straße 32, 12559 Berlin

Wannseeaten 1911 e.V.,
Oberhavel am
Alemannenkanal,

Hartmut Legel,
Corneliusstraße 25,
12247 Berlin
Tel.: 771 88 86

Deutscher Angler-Verband –
Landesverband Berlin,
Heinz Krüger,
Hausburgstraße 13,
10249 Berlin
Tel.: 427 17 28

Spandauer Wassersport Club
e.V., Jürgen Szekular,
Am Forstacker 10,
13587 Berlin
Tel.: 335 46 04

MBC im ADAC Wannsee,
Horst Friedrich, Emil-Fischer-
Straße 39, 14109 Berlin

Kanuvereine

Postsportverein Berlin e.V.,
Geschäftsstelle:
Körnerstraße 7–10,
10785 Berlin
Tel.: 265 11 91
Kanu-Abt.: Grünauer Straße 193,
12557 Berlin
Tel.: 658 80 709,
Tiefwerder Weg 18,
13597 Berlin
Tel.: 331 44 30

**Betriebssportgemeinschaft
K.A.B.** AG Berlin, Kanu-Abt.,
Vorsitzender: Hans-Peter
Riedel, Raoul-Wallenberg-
Straße 72, 12679 Berlin
Tel.: 933 09 23

Kajak-Club Albatros 1926 e.V.,
Tiefwerder Weg 15,
13597 Berlin
Tel.: 332 51 52,
Geschäftsstelle: Bernd
Koschnick, Geibelstraße 2,
10961 Berlin
Tel.: 692 73 13

Spandauer Wassersport Club
e.V., Bamihlstraße,
13587 Berlin, Vorsitzender
Jürgen Szekular,
Am Forstacker 10,
13587 Berlin
Tel.: 335 46 04

Turngemeinde in Berlin 1848
e.V., Fachgruppe Kanu- und
Skisport, Verlängerter
Pulvermühlenweg,
13599 Berlin
Tel.: 334 80 00
oder Bruno-Bürgel-Weg 127,
12489 Berlin
Tel.: 671 79 73,
Geschäftsstelle:
Columbiadamm 111,
10965 Berlin
Tel.: 691 83 55,
Vorsitzende Iris Zörner-Bothe,
Blücherstraße 32,
10961 Berlin
Tel.: 693 32 91

Ruder- und Kanu-Verein 1928
e.V., Verlängerter
Pulvermühlenweg,

Und noch ein Sprung in die City: Blick auf das Heinrich-Hertz-Institut der Technischen Universität Berlin am Landwehrkanal.

13599 Berlin
Geschäftsstelle: Babette
Weber, Zobeltitzstraße 106,
13403 Berlin, Vorsitzender
Lutz Adermann
Tel.: 375 34 11

**Rennsport-Gemeinschaft
Berlin** e.V. (Vereine: Kanu-
Club Nord-West 1925 e.V.,
Kanuclub Zugvogel e.V.,
Verein für Kanusport Berlin
e.V., Köpenicker Sportclub
e.V., Ruder- und Kanuverein
1928 e.V.),
Vorsitzender Klaus-Peter
Kuntke, Lünette 18,
13599 Berlin
Tel.: 334 97 38

Köpenicker Sport-Club e.V.,
Abt. Kanu, Krampenburger
Weg 31f, 12559 Berlin
Tel.: 659 68 97,
Geschäftsstelle: Bernd Hensel,
Fürstenwalder Damm 554,
12587 Berlin
Tel.: 645 75 12

Heiligenseer Kanu-Club e.V.,
Hennigsdorfer Straße
125–135, 13503 Berlin,
Vorsitzender Herbert
Allenberg, Post an obige
Vereinsanschrift
Tel.: 433 74 26

Freie Wasser-Wanderer e.V.
Berlin, Vorstand: Karl-Heinz
Lucas, Mehringdamm 67,
10961 Berlin
Tel.: 691 89 13

**Berliner Sportverein
Akademie der Wissenschaften**
e.V., Abt. Kanu,
Plantanenallee 7,
15738 Zeuthen
Tel.: 03 37 62/70 375

Berliner Kanu Club Rotation
e.V.,
Friedrichshagener Straße 8,
12555 Berlin
Tel.: 657 11 56,
Vorsitzender Detlev Richter,
Wendenschloßstraße 31,
12559 Berlin
Tel.: 654 06 60

Kanuclub Charlottenburg e.V.,
Bocksfeldstraße 11,
13595 Berlin
Tel.: 361 63 79,
Vorsitzender Frank Guse,
Württembergische Straße 4,
10707 Berlin
Tel.: 881 84 85

Märkischer Kanuverein 53
e.V., Grünauer Straße 101b,
12557 Berlin, Vorsitzender
Klaus Henke, Straßburger
Straße 16, 10405 Berlin
Tel.: 442 74 33

Berliner Kanu-Club »Borussia«
e.V., Schwarzer Weg, Jagen 66,
13305 Berlin
Tel.: 431 22 05,
Vorsitzender Hans-Joachim
Turke, Kamener Weg 5a,
13507 Berlin
Tel.: 432 27 37

Berliner Kanubären e.V.,
Neu-Ahlbeck,
Kämmereiheide,

12559 Berlin, Vorsitzender
Heinz Reibold,
Erich-Kuttner-Straße 27,
10369 Berlin
Tel.: 975 04 73

**CJD Kanusportgemeinschaft
im Jugenddorf Berlin,**
Birkbuschstraße 18,
12167 Berlin
Tel.: 790 901-0,
Vorsitzender Heiko Meding,
Gerichtstraße 12–13,
13347 Berlin
Tel.: 465 73 48 (d.)

**Eisenbahnsportverein Lok
Berlin-Schöneweide** e.V.,
Rohrwallallee 41,
12527 Berlin
Tel.: 685 83 46,
Vorsitzender Frank Boßdorf,
Paul-Junius-Straße 43,
10369 Berlin
Tel.: 972 00 22

**Havel-Möwen
Wassersportclub** e.V.,
Alt-Pichelsdorf 3,
13595 Berlin,
Vorsitzender Klaus Klemrath,
Springerzeile 46,
13591 Berlin
Tel.: 366 77 88

Kajak-Club Nord-West 1925
e.V., Halligweg 2,
13599 Berlin
Tel.: 334 99 93,
Vorsitzender Lutz Rauhe,
Straße Y Nr. 7, 13629 Berlin
Tel.: 334 73 90

Kanu-Club Haselhorst e.V.,
Verlängerter

Pulvermühlenweg, 13599
Berlin, Vorsitzender Manfred
Baumgartl, Barnetstraße 68,
12305 Berlin
Tel.: 746 18 39

Kanu-Club Naturfreunde e.V.,
Verlängerter Pulvermühlenweg,
13599 Berlin,
Vorsitzender Hans-Joachim
Bäthge,
Keithstraße 8, 10787 Berlin
Tel.: 213 64 79

Kanu-Verein »Falke« e.V.,
Vorsitzender Wilfried Speer,
Cauerstraße 32, 10587 Berlin
Tel.: 342 38 37

Kanuclub Zugvogel Berlin e.V.,
Bootshausweg 4,
13599 Berlin, Vorsitzender
Detlef Lohr, Weserstraße 28,
12045 Berlin
Tel.: 624 81 85

**Kanugemeinschaft Albatros-
Borussia-Tegel** e.V.,
Vorsitzender Hartwig Marx,
Duisburger Straße 4,
10707 Berlin
Tel.: 881 30 43

**Kanusport-Verein Neu
Ahlbeck** e.V.,
Im Jagen 59,
Neu Ahlbeck, 12559 Berlin,
Vorsitzender Hajo Patte,
Neue Kantstraße 4,
14057 Berlin
Tel.: 321 64 54

**Kanusportvereinigung
Havelbrüder** e.V.,
Eiswerderstraße 11–15,

13585 Berlin, Vorsitzender
Manfred Heinz,
Paulsborner Straße 56,
14193 Berlin
Tel.: 825 92 68

Köpenicker Kanusportclub
e.V., Weiskopffstraße 15,
12459 Berlin
Tel.: 535 01 03,
Vorsitzender Frank List,
Nipkowstraße 76,
12489 Berlin
Tel.: 677 34 92

Köpenicker Sportverein Berlin
e.V.,
Zur Buhne 15, 15537 Erkner,
Postfach 96/4,
Vorsitzender Dr. Dieter Kaden,
Cardinalstraße 26,
12555 Berlin
Tel.: 657 55 42

Paddel-Club Wiking e.V.,
Mahnkopfweg 2,
13595 Berlin
Tel.: 361 47 02,
Vorsitzender Joachim Wellner,
Post an obige Vereinsadresse
Tel.: 606 37 66

Ring Berliner Einzelpaddler
e.V., Geschäftsstelle: Bernhard
Grospietsch,
Breitenbachstraße 30,
13509 Berlin
Tel.: 432 33 22

Sportclub Berlin-Grünau e.V.,
Abteilung Kanu,
Regattastraße 279,
12527 Berlin
Tel.: 674 37 35 oder 674 40 21,
Vorsitzender Werner Lempert,

Unterwaldenstraße 14, 16341 Zepernick
Tel.: 944 56 48

Tegeler Kanu-Verein e.V.,
Siedlung am Fließ,
Gabrielenstraße,
Siedlung am Fließ 27b,
13507 Berlin
Vorsitzende Gisela Weiske
Tel.: 414 95 91

Verein für Kanusport Berlin
e.V.,
Halligweg 1, 13599 Berlin,
Vorsitzender Klaus-Peter Koch,
Müllerstraße 63, 13349 Berlin
Tel.: 451 39 51

**Verein Schmöckwitzer
Wassersportler** e.V.,
Sparte Kanu, Im Jagen 37,
12527 Berlin
Tel.: 675 82 41,
Vorsitzender Christian
Horschig, Landsberger Allee
180/18.02, 10369 Berlin
Tel.: 975 02 92

**Vereinigung Märkischer
Wanderpaddler** e.V.,
Dorfstraße 25a, 13597 Berlin,
Vorsitzende Jana Mehrtens,
Zinzendorfstraße 7,
10555 Berlin
Tel.: 393 80 60

**Versehrten-Wassersport-
Gemeinschaft Berlin** e.V.,
Havelchaussee 115,
14055 Berlin
Tel.: 304 12 28,
Vorsitzender Harald Fischer,
Meller Bogen 22, 13404 Berlin
Tel.: 413 33 04

Wander-Paddler-Havel e.V.,
Alt-Heiligensee 112,
13503 Berlin
Tel.: 431 31 22,
Vorsitzende Anneliese Lange,
Seestraße 108, 13353 Berlin
Tel.: 451 01 28

Wannseer Kanu-Club e.V.,
Alsenstraße 31, 14109 Berlin,
Vorsitzender Konrad Richter,
Mommsenstraße 4,
10629 Berlin
Tel.: 882 25 19

Wassersport Club Klare Lanke
1950 e.V.,
Colomierstraße 1,
14109 Berlin
Tel.: 805 20 56,
Vorsitzender Rainer Wagner,
Todtnauer Zeile 7,
13469 Berlin
Tel.: 402 17 55

Wassersport-Club Havel e.V.,
Hennigsdorfer Straße 87–89,
13503 Berlin
Tel.: 431 39 42,
Vorsitzende Christa Kirchhoff,
Klemkestraße 67, 13409 Berlin
Tel.: 495 54 06

Wassersportclub Kurmark e.V.
Berlin, Dorfstraße 28,
13597 Berlin
Tel.: 331 37 15,
Vorsitzender Joachim Wehle,
Pfalzburger Straße 52,
10717 Berlin
Tel.: 861 44 07

**Wassersportclub Blau-Weiß
Tegel** e.V.,
Siedlung am Fließ,

13507 Berlin
Tel.: 433 76 30,
Vorsitzender Harald Noster,
Zabel-Krüger-Damm 32,
13469 Berlin
Tel.: 402 15 71

**Wassersportgemeinschaft
Heiligensee** e.V.,
Lubminer Pfad 13,
13503 Berlin,
Vorsitzender Gerhard Hoth,
Septimerstraße 14,
13 407 Berlin
Tel.: 455 33 47

**Wassersportgemeinschaft
Kladow** e.V., Vorsitzender
Manfred Stephan,
Wertheimweg 2d,
14089 Berlin
Tel.: 365 22 83

**Wassersportgemeinschaft
Seddinsee** e.V., Vorsitzender
Frank Stieg, Kurzer Steig 4,
12587 Berlin
Tel.: 637 95 54

Wassersportverein Helios e.V.,
Dorfstraße 56, 13597 Berlin,
Geschäftsstelle:
Manfred Skoppek,
Tirschenreuther Ring 74,
12279 Berlin
Tel.: 721 71 16

**Wassersportverein
Karolinenhof** e.V., Abt. Kanu,
Geschäftsstelle: Rohrwallallee 3,
12527 Berlin
Tel.: 675 95 23,
Vorsitzender Horst Nickel,
Mahlsdorfer Straße 16,
12555 Berlin
Tel.: 656 06 36

**Einzelmitglieder im Landes-
Kanu-Verband** Berlin e.V.,
Obmann: Uwe Kesten,
Südekumzeile 27,
13591 Berlin
Tel.: 366 27 15

Grünauer Kanuverein 1990
e.V.,
Regattastraße 237,
Postfach 19/18, 12527 Berlin
Tel.: 674 41 05,
Vorsitzender Jürgen
Hausmann,
Waltersdorfer Straße 23,
12526 Berlin

Treptower Sportverein 1949
e.V.,
Vorsitzender Peter Ruddat,
Oldenburger Straße 3,
15738 Zeuthen

Wann-Sea-Dragon e.V.,
Wassersportzentrum Grünau,
Regattastraße 279,
12527 Berlin,
Vorsitzender Harro Grimmer
Tel.: 891 72 24

**Wassersportclub
Rauchfangswerder** e.V.,
Moßkopfring 30, 12527 Berlin,
2. Vorsitzender Frank Hecker,
Gregoroviusweg 12,
10318 Berlin

**Vereinigte Sportgemeinschaft
Rahnsdorf 1949** e.V.,
Dorfstraße 9 (in den
Bootshäusern Herrmann),
12589 Berlin, Geschäftsstelle:
Rainer Petermann,
Straße des Friedens 14, 17094
Cölpin

Kanu-Vereinigung Köpenick
e.V., Triglawstraße 8–10,
12589 Berlin, Vorsitzender
Gerald Prätzel, Arendsweg 1,
13055 Berlin, kein Telefon

Paddelclub »Gut Naß« Tegel
1924 e.V., Siedlung am Fließ
22, 13507 Berlin
Tel.: 433 28 74,

Geschäftsstelle: Hans Reich,
Romanshorner Weg 158,
13407 Berlin
Tel.: 495 85 96

SV Karl-Friedrich-Friesen e.V.,
Abt. Kanu, Karl-Marx-Straße
140, 15758 Zernsdorf,
Vorsitzender Günter Milnik,
Eitelstraße 78, 10317 Berlin,

Rudervereine

Postsportverein Berlin,
Bootshaus
Wendenschloßstraße 420,
12557 Berlin, Bootshaus Am
Großen Wannsee 40,
14109 Berlin
Tel.: 805 31 33,
Geschäftsstelle: Wolfgang
Boehm,
Argentinische Allee 181,
14169 Berlin
Tel.: 813 83 03

**Ruderriege der Turngemeinde
in Berlin,** Bootshaus
An der Wuhlheide 192,
12459 Berlin, Bootshaus
Tiefwerderweg 17,
13597 Berlin,
Tel.: 332 33 89,
Geschäftsstelle:
Columbiadamm 111,
10965 Berlin
Tel.: 691 83 55

**Akademische Ruder-
Gesellschaft zu Berlin,**
Geschäftsstelle: Götz Moser,

Wilhelmstraße 78a,
13593 Berlin
Tel.: 361 83 09,
Bootshaus Heerstraße 199,
13595 Berlin
Tel.: 361 19 85

**Akademischer Ruder Club zu
Berlin,** Geschäftsstelle: und
Bootshaus
Brandensteinweg 5,
13595 Berlin
Tel.: 361 55 69

**Altherrenverband der
Akademischen Turn-
verbindung Arminia-
Cheruskia,** Bootshaus
Scharfe Lanke 67–69,
13595 Berlin
Tel.: 361 19 67,
Geschäftsstelle: Klaus Heller
Kunzendorfer Straße 17,
14165 Berlin
Tel.: 815 64 17

Berliner Ruder-Club,
Bootshaus und Geschäftsstelle:

Bismarckstraße 4,
14109 Berlin
Tel.: 803 67 84

Berliner Ruderclub Ägir,
Bootshaus und Geschäftsstelle:
Spreestraße 1, 12597 Berlin
Tel.: 645 57 95

Berliner Ruder-Club Hevella,
Bootshaus Dorfstraße 23,
13597 Berlin
Tel.: 331 42 46,
Geschäftsstelle: Monika
Schneider, Stieffring 2,
13627 Berlin
Tel.: 349 779-0

Berliner Ruderclub »Phönix«
Bootshaus
Bootshausweg 6, 13599 Berlin
Tel.: 334 57 87,
Geschäftsstelle:
Brigitte Ahlfeldt,
Topeliusweg 3b, 14089 Berlin
Tel.: 365 85 46

Berliner Ruder-Club »Welle-Poseidon«, Bootshaus
Am Großen Wannsee 46a,
14109 Berlin
Tel.: 805 17 41,
Geschäftsstelle: Jürgen Poll,
Brahmsweg 1, 14532
Kleinmachnow
Tel.: 033 20-323 567

Berliner Ruder-Gesellschaft,
Bootshaus Dorfstraße 25f,
13597 Berlin
Tel.: 331 66 63,
Geschäftsstelle: Hartwig Eder,
Otto-Suhr-Allee 43,
10585 Berlin
Tel.: 341 39 0

Berliner Ruderclub »Astoria«,
Bootshaus Bismarckstraße 68,
14109 Berlin
Tel.: 803 62 05,
Geschäftsstelle:
Frank-Detlef Brenning,
Sedanstraße 16, 12167 Berlin
Tel.: 771 63 35

**Berliner Ruderclub
Brandenburgia,** Bootshaus
Verlängerter
Pulvermühlenweg,
13599 Berlin
Tel.: 334 65 58,
Geschäftsstelle: Peter Preißler,
Schönwalder Allee 63,
13587 Berlin
Tel.: 375 47 93

**Betriebs-Sport-Gemeinschaft
der BfA,** Bootshaus
Pfirsichweg 9-11, 14089 Berlin
Tel.: 361 12 34,
Geschäftsstelle:
Peter Schwann,
Sprungschanzenweg 69,
14169 Berlin
Tel.: 813 59 42

**Eisenbahnsportverein
Schmöckwitz,** Bootshaus
Imkerweg 26, 12527 Berlin,
Geschäftsstelle: Ingrid Görsch,
Hoerntestraße 7, 12555 Berlin
Tel.: 657 53 24

Frauen-Ruder-Club Wannsee,
Bootshaus Am Großen
Wannsee 46, 14109 Berlin
Tel.: 805 15 94,
Geschäftsstelle:
Hannelore Korgnitzsch,
Hohenzollerndamm 156,
10713 Berlin
Tel.: 823 43 92

**Freie Universität Berlin,
Institut für Sportwissenschaft,**
Bootshaus Badeweg 3,
14129 Berlin
Tel.: 803 41 80,
Geschäftsstelle: Jörg Schiebel
(Leiter des
Wassersportzentrums),
gleiche Adresse

**Friedrichshagener
Ruderverein,** Bootshaus und
Geschäftsstelle:
Hahns Mühle 12, 12587 Berlin
Tel.: 645 19 79

**Institut für Sportwissen-
schaften der Humboldt-
Universität Berlin,** Bootshaus
und Geschäftsstelle: Dr. Goltz,
Ahornweg 13, 12587 Berlin
Tel.: 645 51 00

Märkischer Ruderverein,
Bootshaus Pichelswerder-Süd,
13595 Berlin
Tel.: 361 59 36,
Geschäftsstelle:
Ingeborg Medaris,
Hektorstraße 7,
10711 Berlin
Tel.: 323 37 22

Märkischer Wassersport,
Bootshaus und Geschäftsstelle:,
Bootshausweg 5, 13599 Berlin
Tel.: 334 34 39

**Pichelsberger Ruder-
Gesellschaft,** Bootshaus
Tiefwerder Weg 19,
13597 Berlin
Tel.: 331 85 68,
Geschäftsstelle:
Karola Brückner,

Schönower Straße 3,
14165 Berlin
Tel.: 815 77 03

**Potsdamer Ruder Club
Germania,** Bootshaus und
Geschäftsstelle: Am Großen
Wannsee 46, 14109 Berlin
Tel.: 805 19 94

Richtershorner Ruderverein,
Bootshaus Sportpromenade,
12527 Berlin
Tel.: 675 85 50,
Geschäftsstelle: Achim Hill,
Dahmestraße 94, 12526 Berlin
Tel.: 676 34 40

**Ruderabteilung der
Sportgemeinschaft Schering,**
Bootshaus Scabellstraße 8,
14109 Berlin, Geschäftsstelle:
SG Schering, Rudern,
Fennstraße 48–49,
13342 Berlin
Tel.: 468 26 60

**Ruder-Club Rahnsdorf
Luftfahrt,** Bootshaus
Dorfstraße 10c, 12589 Berlin
Tel.: 648 02 21,
Geschäftsstelle:
Dr. Dietrich Gericke,
Postfach 22, 13062 Berlin
Tel.: 965 05 91

Ruder-Club »Saffonia 08«,
Bootshaus Fährstraße 16,
13503 Berlin
Tel.: 431 16 52,
Geschäftsstelle: Meinhard
Stadthaus,
Leuenberger Zeile 20,
13509 Berlin
Tel.: 434 14 35

Ruder-Club Tegel 1886,
Bootshaus Gabrielenstraße 69e,
13507 Berlin
Tel.: 433 81 67,
Geschäftsstelle: Klaus Schulze,
Dresdner Bank,
Uhlandstraße 9–11,
10623 Berlin
Tel.: 3153 32 40

Ruder-Club Tegelort,
Bootshaus
Schwarzspechtweg 42,
13505 Berlin
Tel.: 431 27 40,
Geschäftsstelle: Claudia Helm,
Humannstraße 33,
13403 Berlin
Tel.: 413 35 33

Ruder-Gemeinschaft Grünau,
Bootshaus Regattastraße 247,
12527 Berlin
Tel.: 674 46 70,
Geschäftsstelle: Werner Wolf,
Hartriegelstraße 20,
12439 Berlin
Tel.: 671 65 68

Rudergemeinschaft Rotation Berlin, Bootshaus und
Geschäftsstelle:
Rehfeldtstraße 9, 12527 Berlin
Tel.: 675 94 30

Rudergesellschaft West,
Bootshaus Dorfstraße 25b,
13597 Berlin
Tel.: 331 36 83,
Geschäftsstelle: Michael
Peters, Guineastraße 27,
13351 Berlin
Tel.: 451 52 63

Rudergesellschaft Wiking,
Bootshaus Am Britzer
Hafensteg, 12057 Berlin
Tel.: 685 40 22,
Geschäftsstelle:
Siegfried Erdmann,
Neuköllnische Allee 98–102,
12057 Berlin
Tel.: 684 13 55

Ruderklub am Wannsee,
Bootshaus und Geschäftsstelle:
Scabellstraße 8, 14109 Berlin
Tel.: 803 40 48

Ruderriege des Akademischen Turnvereins zu Berlin,
Bootshaus Mahnkopfweg 6,
13595 Berlin
Tel.: 361 67 53,
Geschäftsstelle:
Nils Rosenbaum,
Onkel-Tom-Straße 52,
14169 Berlin
Tel.: 813 20 34

Ruder Riege Turnverein Waidmannslust, Bootshaus
Gabrielenstraße 69d,
13507 Berlin
Tel.: 433 43 20,
Geschäftsstelle:
Horst Behrendt, Seebadstraße
27a, 13467 Berlin
Tel.: 404 87 03

Ruder- und Yachtclub Turbine Berlin, Bootshaus
Regattastraße 183–185,
12527 Berlin
Tel.: 676 47 64,
Geschäftsstelle:
Wilfried Tetzlaff,
Wittenberger Straße 67,
12689 Berlin
Tel.: 93 28 920

Ruder-Union Arkona Berlin,
Bootshaus Scharfe Lanke 71-73,
13595 Berlin
Tel.: 361 13 13,
Geschäftsstelle:
Lothar Frenkel,
Am Bogen 11, 13589 Berlin
Tel.: 373 64 37

Ruderverein Collegia 1895,
Boothaus Pfirsichweg 9–11,
14089 Berlin
Tel.: 361 12 34,
Geschäftsstelle: Axel
Engelmann, Höllentalweg 44,
13469 Berlin
Tel.: 403 36 71

Ruderverein Empor, Bootshaus
und Geschäftsstelle:
Regattastraße 251,
12527 Berlin
Tel.: 674 47 80

Ruder-Verein »Preußen«,
Bootshaus Alt-Heiligensee 12,
12503 Berlin
Tel.: 431 68 86,
Geschäftsstelle:
Christine Brüggemann,
Klemkestraße 84c,
13 409 Berlin

**Ruder-Verein »Siemens«
Berlin,** Bootshaus
Siemenswerderweg 65,
13595 Berlin
Tel.: 392 10 90,
Geschäftsstelle:
Sylvia Rottmann,
Buolstraße 4, 13629 Berlin
Tel.: 495 58 19

Ruderverein Timos, Bootshaus
Pichelswerder-Süd,

13595 Berlin,
Geschäftsstelle:
Menzel-Oberschule,
Altonaer Straße 26,
10555 Berlin
Tel.: 39 05 23 89

**Ruderverein »Vorwärts«
Berlin,** Bootshaus
Am Pichelssee 30,
13595 Berlin
Tel.: 361 18 18,
Geschäftsstelle: Dieter Zietz,
Conradstraße 1, 14109 Berlin
Tel.: 805 45 02

**Rudervereinigung Hellas-
Titania,** Bootshaus
Scharfe Lanke 63-65,
13595 Berlin
Tel.: 361 18 81,
Geschäftsstelle: Monika Wulff,
Ilsensteinweg 3b, 14129 Berlin
Tel.: 801 62 78

**Rudervereinigung
»Wanderer«,** Bootshaus
Am Pichelssee 30a,
13595 Berlin
Tel.: 361 40 45,
Geschäftsstelle:
Rolf-Jürgen Banholzer,
Aßmannshauser Straße 3,
14197 Berlin
Tel.: 882 43 85

Schülerruderverband Berlin,
Bootshaus Regattastraße 245,
12527 Berlin,
Geschäftsstelle:
Wolfgang Nießmann,
Himbeersteig 2,
14129 Berlin
Tel.: 803 86 57

**Spandauer Ruder-Club
»Friesen«,** Bootshaus und
Geschäftsstelle:
Mahnkopfweg 6, 13595 Berlin
Tel.: 361 67 53

Sportclub Berlin,
Geschäftsstelle: und Bootshaus
(Frauen): Nixenstraße 2,
12459 Berlin
Tel.: 635 07 20,
Bootshaus (Männer):
Rohrwallallee 11,
12527 Berlin
Tel.: 675 60 74

Sportclub Berlin Grünau,
Bootshaus und
Geschäftsstelle:,
Regattastraße 279,
12527 Berlin
Tel.: 674 37 35 oder 674 40 21

**Sport Club Siemensstadt
Berlin,** Bootshaus und
Geschäftsstelle:
Rohrdamm 61–64,
13629 Berlin
Tel.: 380 020

Sportgemeinschaft Narva,
Bootshaus
Bruno-Bürgel-Weg 99–36,
12439 Berlin
Tel.: 635 13 72,
Geschäftsstelle: Abt. Rudern:
Corinthstraße 1–5,
10245 Berlin
Tel.: 291 60 38

Sport-Verein Energie Berlin,
Bootshaus und Geschäftsstelle:
Gutenbergstraße 4–5,
12557 Berlin
Tel.: 655 91 65

**Sport-Vereinigung Dresdenia
Berlin,** Ruderabteilung,
Bootshaus Scharfe Lanke 75,
13595 Berlin
Tel.: 361 33 65,
Geschäftsstelle:
Klaus-Peter Rosemann,
Trendelenburgstraße 10,
14057 Berlin
Tel.: 322 84 37

Spree-Ruder-Club Köpenick,
Bootshaus
Wendenschloßstraße 404,
12557 Berlin
Tel.: 656 93 81,
Geschäftsstelle:
Dr. Horst Miersch,
Körnerstraße 15, 13156 Berlin
Tel.: 476 34 94

**Treptower
Rudergemeinschaft,**
Bootshaus und Geschäftsstelle:
Werner Pröschel,
Neue Krugallee 219–231,
12437 Berlin
Tel.: 650 18 120

**Versehrten-Wassersport-
Gemeinschaft,** Bootshaus und
Geschäftsstelle:,
Havelchaussee 115,
14055 Berlin
Tel.: 304 12 28

**Zentraleinrichtung
Hochschulsport der TU Berlin,**
Bootshaus Siemenswerderweg,
13595 Berlin
Tel.: 362 31 06,
Geschäftsstelle:
Armin Kuhlmann,
Straße des 17. Juni 135,
10623 Berlin
Tel.: 31 42-31 79

Berliner Bootsverleiher und Bootscharter

Für Selbstfahrer von Motor- und Segelbooten: Deutsche Staatsangehörige brauchen auf Berliner Gewässern den Sportbootführerschein Binnen Segeln/Motor, auf Brandenburger Gewässern ist nur der Motorbootschein für Motoren ab 3,68 kw erforderlich.

Um einen besseren Überblick über den Service zu verschaffen, den der Wassersportler genießt, wenn er in Berlin Boote mietet oder chartert, haben wir die Anbieter nach den verschiedenen Bootsarten eingeteilt:

– Segelboote und Segelyachten
– Motorboote und Motoryachten
– Elektromotorboote (auch mit Hybridantrieb)
– Solarboote
– Tretboote
– Wasserräder
– Kajaks, Canadier und Faltboote (Paddelboote und Kanus)
– Ruderboote.

Dabei ist zu beachten: Änderungen der Preise und Angebote behalten sich die Bootsvercharterer und -vermieter vor. Alle Angaben erfolgen ohne Gewähr.

Segelboote/Segelyachten

Segelschule Havel, Am Pichelssee 9B, 13595 Berlin
Tel.: 362 60 20
Jollen für 2–3 Personen:
50 Mark für 4 Stunden (Montag–Freitag), 70 Mark für 4 Stunden (Wochenende), Kaution: 100 Mark
Kielboot für bis zu 6 Personen: 230 Mark pro Tag (10–19 Uhr), Kaution: 500 Mark.

Segelschule Hering, Bielefelder Straße 15, 10709 Berlin, Liegeplatz: »Am großen Fenster« bei Schwanenwerder,
Tel.: 861 07 01
Segelboote für 1–5 Personen: »Laser« für 1 Person: 60 Mark für 3 Stunden, 95 Mark pro Tag, 200 Mark für ein Wochenende, »Galeon« für 2–4 Personen

und »VB 600« bis zu 5 Personen: 85 Mark für 3 Stunden, 145 Mark pro Tag, 290 Mark für ein Wochenende, 450 Mark für 7 Tage, 250 Mark/Miniwoche, 590 Mark für 10 Tage – alles inklusive, Wochenende: Freitagmorgen bis Sonntag, 800 Mark Kaution.

Boots-Charter Lüders,
Strandbad Wannsee, eigener Eingang links, 14129 Berlin, Tel.: 803 45 90.
Segeljollen für 2 Personen: 2 Stunden für 55 Mark, 3 Stunden für 65 Mark, 4 Stunden für 75 Mark, 8 Stunden für 100 Mark. Segeljollen für bis zu 4 Personen: 2 Stunden für 80 Mark, 4 Stunden für 100 Mark, 8 Stunden für 160 Mark, Sportbootführerschein für Segelboote erforderlich. Öffnungszeiten: täglich 9–20 Uhr, bis Ende Oktober.

Stiebeler, Straße am Schildhorn 1, 14193 Berlin, an der Havelchaussee, Tel.: 30 40 304.
Segeljollen für bis zu 3 Personen: 24 Mark pro Stunde, für bis zu 4 Personen: 26 Mark pro Stunde, Sportbootführerschein für Segelboote erforderlich, täglich 10–20 Uhr bis Ende Oktober.

Segelschule Berlin,
Friederikestraße 24, Tegelort, 13505 Berlin, Tel.: 431 11 71.

Segelboote (offene Kielboote) für 4–5 Personen: 25 Mark pro Stunde, Segeljollen für bis zu 2 Personen: 20 Mark pro Stunde, Sportbootführerschein für Segelboote erforderlich, Öffnungszeiten: täglich von 10–19 Uhr bis Ende Oktober.

Berliner Wassersport- und Service GmbH,
Wendenschloßstraße 350–354, 12557 Berlin, Tel.: 651 34 15
15er Jollenkreuzer für 2–5 Personen: 180 Mark pro Tag, 500 Mark pro Wochenende 1 000 Mark für eine Woche, Segelboot Ypton für 2–3 Personen: 230 Mark pro Tag, 700 Mark für ein Wochenende, 1 400 Mark für eine Woche, jeweils zzgl. MwSt. und Benzin für Außenborder, Kaution 800 Mark, Sportbootführerschein für Segelboote erforderlich, Saison: 1. Mai bis 30. September.

Segelschule Braun, im Wassersportzentrum Müggelspree, Müggelseedamm 42–70, 12587 Berlin, Tel.: 641 80-250, Funk 0172-651 29 77. Segeljollen für bis zu 4 Personen: für 25 Mark pro Stunde, bei mehreren Stunden Rabatt möglich, Kaution 400 Mark, Sportbootführerschein für Segelboote erforderlich, täglich 9–18 Uhr bis Ende Oktober.

Yachtcharter U. Ludwig,
Königstraße 4a, 14109 Berlin,
Tel.: 805 15 45. Liegeplatz: am
Großen Wannsee.
Segelyacht (8,5 m lang) für bis
zu 4 Personen: 330 Mark pro
Tag, 1 750 Mark pro Woche
(Freitag, 16 Uhr, bis Freitag,
10 Uhr), Segelbootführerschein
erforderlich, Saison bis Mitte
Oktober.

Segeltraining Berlin-Potsdam,
Krumme Straße 92–93, 10585
Berlin, Liegeplatz: Tiefer See
(Glienicker Brücke)
Tel.: 348 20 90.
Kielschwertjollen in
Regattaversion 25 Mark pro
Stunde, Öffnungszeiten:
Montag bis Sonntag 10–18 Uhr,
Saison 1. April bis
31. Oktober.

Motorboote/Motoryachten

ACB Aqua-Cruising-Berlin,
Pedro-Boat, Fährallee 35,
12527 Berlin (Schmöckwitz),
Tel.: 675 80 56.
Motoryacht: (10,3 m lang) für
bis zu 6 Personen an
Selbstfahrer: je nach Saison
2 650 bis 3 650 Mark pro
Woche, alles inklusive,
Kaution: 1 000 Mark, Saison
ganzjährig.

Segeltraining Berlin-Potsdam,
Krumme Straße 92–93,
10585 Berlin, Liegeplatz: Tiefer
See (Glienicker Brücke) Tel.:
348 20 90.
Motoryacht (5,7 m lang) für
Selbstfahrer, mit Skipper auf
Anfrage möglich,
2 Schlafplätze: wochentags
260 Mark/Tag, Wochenende
(Sa.–So.) 300 Mark/Tag,
Wochenende ab Freitag-
nachmittag 650 Mark. Alle
Preise inklusive Treibstoff,
Öffnungszeiten:
täglich 10–18 Uhr. Saison vom
1. März bis 31. Oktober.

**Berliner Wassersport- und
Service GmbH,**
Wendenschloßstraße 350–354,
12557 Berlin, Tel.: 651 34 15.
Motoryacht »Neptun«:
800 Mark pro Tag, 1 200 Mark
pro Wochenende, Vorsaison
(1. April–5. Mai) 1 900 Mark
pro Woche, Saison (5. Mai–
15. September) 2 200 Mark pro
Woche, Nachsaison (bis Ende
Oktober) 1 900 Mark/Woche,
Motoryacht »Skoa«: 300 Mark
pro Tag, Hochsaison (1. Mai–
30. September) 800 Mark pro
Wochenende, 1 600 Mark pro
Woche, ab dem 8. Tag täglich
200 Mark, Nebensaison
(1. April–30. April und
1. Oktober–31. Oktober) 250
Mark pro Tag, 700 Mark pro
Wochende, 1 400 Mark pro
Woche, ab dem 8. Tag täglich
150 Mark. Für jedes Boot 800
Mark Kaution zzgl. 15 % MwSt.
und Benzin. Das Wochenende
umfaßt jeweils Sonnabend und
Sonntag, eine Woche zählt von
Freitag bis Freitag.

Salonschiff »Babelsberg« mit Skipper für 20–40 Personen (optimal) bis max. 70 Personen: 380 Mark/Stunde Montag–Freitag, Wochenende und an Feiertagen 456 Mark/ Stunde, jeweils plus 7 % MwSt.
Motoryachten »Clown« und »Casino« mit Skipper für 12 Personen: Preise auf Anfrage.

Borchardt, Bootsverleih Tegelort an der Oberhavel, Friederikestraße 21, 13 505 Berlin, Tel.: 431 16 98. Motorboote: 290 Mark pro Tag, 180 Mark für einen halben Tag (4 Stunden), Öffnungszeiten: 9–13 Uhr, 15–19 Uhr, Saison bis Ende Oktober, Führerschein erforderlich.

Stiebeler, Straße am Schildhorn 1, 14193 Berlin, Tel.: 304 03 04 an der Havelchaussee. Motorboote, Selbstfahrer bis 5 Personen: 40 Mark pro Stunde, mit 25 PS für bis zu 5 Personen: 65 Mark pro Stunde, plus Benzin. Führerschein erforderlich, Öffnungszeiten: 10–20 Uhr. Saison bis Ende Oktober.

AARLO Yachtcharter, Rainer Gramatzki, Scharfenberger Straße 30 (Tegelort), Tel.: 436 15 73. Motoryacht für bis zu 4 Personen (10,8 m lang / 3,7 m breit mit 2 Steuerständen) für Selbstfahrer:

1 Woche: 3 100 Mark inklusive MwSt., Gas und Diesel. Kaution: 1 000 Mark, Folgewoche: 2 900 Mark. Führerschein erforderlich.

André Eichblatt – Maritime Tagesfahrten, Liegeplatz Spandau Südhafen, Tel.: 364 86 84 oder Funk 0172-39 28 700. Motoryacht (12 m lang / 4m breit) für bis zu 16 Personen, nur mit Skipper: Die ersten 3 Stunden 600 Mark, jede weitere Stunde 150 Mark, Routen und Anlegeplätze nach telefonischer Absprache, »Service-Pakete« für Festlichkeiten, z. B. 5 Stunden Fahrt mit Buffet und Getränken (exklusive harte Alkoholika) pro Person 130 Mark (ab 10 Personen), jeweils zzgl. 15 % MwSt.

Voyage Yachting, Michael Schwer, Gatower Straße 39, 13595 Berlin, Tel.: 362 99 94 oder Funk 01 71-221 85 33. Motoryacht (14 m lang / 4m breit), Liegeplatz Spandau Südhafen, nur mit Skipper: Mietdauer und Umfang für Tagesfahrten variabel, ab 37 Mark pro Person für 2 Stunden, Preisbeispiel: »Mini-Kreuzfahrt«, Dauer 3 Stunden, 90 Mark pro Person, »Havelimpressionen«, Dauer 5 Stunden, 125 Mark pro Person, Tagesfahrt, Dauer 7 Stunden, 160 Mark pro Person, Buffet und Getränke inklusive, gilt ganzjährig.

K.S. Starline, K. Seligmann, Goldenes Horn 37, 12107 Berlin Liegeplatz im Wassersportzentrum Müggelspree, 12 587 Berlin, Tel.: 703 55 64 oder Funk 01 72-300 73 11. Motoryacht für bis zu 12 Personen (Tagesfahrt) oder Selbstfahrer bis zu 6 Personen: mit und ohne Skipper möglich, Preisbeispiele: 3 000 Mark pro Woche mit Skipper, 2 600 Mark ohne Skipper, dann Führerschein erforderlich, jeweils zzgl. Diesel, Saison: bis Mitte Oktober.

Yachtcharter und Service YCS Winkler, Liegeplatz Wassersportservice Burchardi Jr., Nähe Glienicker Brücke, Tel.: 821 46 58 oder Funk 01 71-521 30 89. Motoryacht (14 m lang) für bis zu 15 Personen (Tagesfahrt) oder bis zu 6 Personen (mit Übernachtungen), mit Skipper oder Selbstfahrer mit Lotse: Tagesfahrten ab 59 Mark pro Person, Übernachtungsfahrten ab 490 Mark pro Person. Individuelle Routenvereinbarung, ganzjährig.

Benno Doering, Lindenstraße 1A, 12555 Berlin, Köpenick an der Dammbrücke, Tel. (Funk): 0177-303 96 18. Motorboote: je nach Größe 15–35 Mark pro Stunde. Geöffnet werktags 10–19 Uhr, Wochenende und Feiertag 10–20 Uhr, Saison bis Ende September.

Scansail Yachts, Katharinenstraße 10, 10711 Berlin, Tel.: 892 18 26, Liegeplatz in Spandau an der Scharfen Lanke. Motoryachten an Selbstfahrer, mit Skipper möglich, Yacht (6,50 m lang), für bis zu 2 Personen: 1 330 Mark pro Woche, ab 11. Juli 1 470 Mark; Yacht (15 m lang) für 8 bis 10 Personen, 4 550 Mark pro Woche, ab 11. Juli 4 970 Mark pro Woche, Mindestmietzeit in der Hochsaison (11. Juli– 4. August): eine Woche, in Vor- und Nachsaison: auch Wochenenden von Freitag bis Montag (8 Uhr), »Miniwoche« von Montag bis Freitag, Übergabetage: Montag oder Freitag, Motorbootführerschein erforderlich.

Yachtcharter Peter Weller, Hohenzollernstraße 24, 14163 Berlin, Tel.: 802 79 89, Liegeplatz am Pohlesee, Bootshaus Schröder, Grüner Weg 1. Tagesfahrten für Festlichkeiten, mit Skipper, individuelle Routenabsprache, Preisbeispiel: 5 Stunden Fahrzeit: 120 Mark pro Person inklusive Speisen und Getränke, Saison: ganzjährig.

Rietz, Adlergestell 779, 12 527 Berlin, Tel.: 675 65 83. Motorboote an Selbstfahrer, Liegeplatz: am Zeuthener See: Motoryacht (8 m lang) für 4–6 Personen: 260 Mark pro

Wochentag, 650 Mark/
Freitagabend-Sonntagabend,
1 300 Mark für 7 Tage.
Motorboot (7 m lang) für 4–6
Personen: 190 Mark pro
Wochentag, 450 Mark/
Freitagabend-Sonntagabend,
950 Mark für 7 Tage, Kaution:
1 000 Mark, Tagesfahrten und
extra Skipper möglich,
Skipper: 100 Mark/8 Stunden,
»Partyboot« (7 m lang) für bis
zu 10 Personen: Preise wie für
7 m-Motorboot.
Sportboot (4,5 m lang) für bis
zu 4 Personen, 100 Mark pro
Tag, 30 Mark/Stunde.
»D-Cruiser« (nur für Tages-
ausflüge), für 2–6 Personen:
200 Mark pro Tag, 450 Mark
pro Wochenende: Saison: bis
Mitte Oktober, Sportboot-
führerschein für Selbstfahrer
erforderlich.

Yachtcharter U. Ludwig,
Königstraße 4a, 14109 Berlin,
Tel.: 805 15 45. Liegeplatz am
Großen Wannsee.
Motoryacht (12 m) für bis zu
6 Personen an Selbstfahrer:
770 Mark pro Tag, 3 150 Mark
pro Woche (Freitag 16 Uhr bis
Freitag 10 Uhr), Sportboot-
führerschein erforderlich, extra
Skipper möglich, Saison bis
Mitte Oktober.

Yachtcharter Becker Tegelort,
Tegelorter Ufer 34,
13505 Berlin, Tel.: 431 48 27.
2 Motoryachten (10,8 m lang)
für bis zu 6 Personen: 3 100
Mark pro Woche (Sonnabend
15 Uhr bis Sonnabend 9 Uhr),

kürzere Mietdauer auf Anfrage,
an Selbstfahrer, Sportbootführerschein erforderlich, mit
extra Skipper möglich, Saison
bis Mitte Oktober.

Neumeyer,
Strandpromenade 7,
15 569 Woltersdorf, Flakensee
an der Woltersdorfer Schleuse,
Straßenbahn bis Rahnsdorf
möglich.
Tel.: 033 62-50 00 16.
Motorboote bis zu 4 Personen:
70 Mark für 2 Stunden, jede
weitere Stunde 30 Mark,
200 Mark pro Tag, Benzin
inklusive. Geöffnet täglich von
10 bis 20 Uhr bis Ende September, Gruppenrabatte möglich.

Bootscharter Im Saatwinkel,
Westphal und Hoppe,
Togostraße 79, 13351 Berlin,
Tel.: 451 13 86, 435 13 19
oder Funk 01 72-320 28 56.
Motorboot für Selbstfahrer, mit
Skipper auf Anfrage möglich,
für 4–6 Personen: ab 200 Mark/-
Tag, ab 1 100 Mark/Woche,
ab 800 Mark/»Miniwoche«
(Montag–Donnerstag),
ab 440 Mark pro Wochenende
(Freitag-Sonntag), Saison von
1. April bis 31. Oktober.

Charter Boot Berlin-Grünau,
Rießerseestraße 1, 12527
Berlin, Tel.: 674 36 28.
Motoryachten (8,5 m lang) für
4–8 Personen: 300 Mark/
halber Tag, 490 Mark pro Tag,
1 200 Mark für ein Wochenende, 2 400 Mark pro Woche.
Ponton-Boot für bis zu

15 Personen: 130 Mark pro Stunde, 490 Mark pro Tag, Boote müssen vollbetankt zurückgegeben werden, Kaution jeweils in Höhe des Mietpreises, Saison: vom 1. April bis 15. Oktober.

aqua Yachtcharter,

Wittenauer Straße 225, 13 469 Berlin, Tel.: 402 28 66. Liegeplatz: Süd-Stolpe am Oder-Havel-Kanal. Motoryachten (10 m /10,5 m lang) für 5 Personen: von 1 850–2 980 Mark/Woche, zzgl. Treibstoff,Motoryacht (8,5 m lang) für 4 Personen: von 1 350 bis 1 750 Mark, an Selbstfahrer, Proviant-service möglich, Saison: 30. März–25. Oktober.

Marina Lanke-Werft, Scharfe

Lanke 109-131, 13 595 Berlin, Tel.: 362 00 999. Motoryachten für bis zu 9 Per-sonen: diverse Preisabstufun-gen nach Schiffsgröße, Fahrt-dauer und Saison, ab 1 Woche, verlängerbar um Wochenende, Zusatzwoche, Zusatzminiwo-che, für Selbstfahrer, auf Anfrage mit Skipper, Salon-Motoryacht für bis zu 29 Personen (nur Ta-gesfahrten oder stundenweise), nur mit Skipper: Preise telefo-nisch zu erfragen, ganzjährig.

Rösler Yachtcharter,

Wendenschloßstraße 60d, 12559 Berlin, Tel.: 562 73 10. Motoryacht für bis zu 8 Perso-nen, mit Skipper, feste Routen, z. B. kleine und große Müggel-

seetour oder Stadttour durch Mitte und Charlottenburg: Preise dafür telefonisch erfragen, oder Preis nach Zeit: 180 Mark/Stunde; ganzjährig.

Wolfgang Bauer,

Düppelstraße 32, 12163 Berlin, Tel.: 792 70 10. Motorboote (8,6 m lang / 2,8 m breit) für bis zu 4 Personen an Selbstfahrer: 1 Woche 1 300–1 900 Mark je nach Saison, Motorboot (11,5 m lang / 3,8 m breit) für bis zu 5 Personen: 1 Woche zwischen 2 250 und 3 450 Mark je nach Saison, telefonisch zu erfragen, Führerschein erforderlich.

Yachtcharter Keser & Partner,

Dorfstraße 4, 13597 Berlin, Tel.: 332 60 25 oder Funk 0171-725 89 60. Motoryachten für Selbstfahrer an verschiedenen Liege-plätzen, Übernahmeorte flexibel, Hauptsitz in Spandau. Motoryacht (10 m lang) 900 Mark/Tag. Motoryacht (14 m) 1 200 Mark/Tag; Hauptsaison, für Veranstal-tungen, extra Skipper möglich: 350 Mark für 8 Stunden, Saison: 1. April bis 1. Oktober.

Yachtcharter Obermann,

Campestraße 5, 13507 Berlin, Tel.: 434 30 11. Motoryacht (10,5m lang), 3–5 Schlafplätze: 1 Woche 1 500 bis 3 400 Mark, zzgl. 150 Mark für Endreinigung und nach Verbrauch (Diesel), Saison: ganzjährig.

Sonnenuntergang über der Scharfen Lanke – im Hintergrund das Restaurantschiff Sabine II.

Peter Stoy, Eiswerderstraße 10, 13585 Berlin, Tel.: 335 19 19. Motoryachten (12 m lang) für bis zu 15 Personen, nur mit Skipper: 150 Mark pro Stunde, alles inklusive, Zeiten nach telefonischer Vereinbarung, Saison: 1. April–31. Oktober.

RS Charterboot, Finsterwalder Straße 72, 13435 Berlin, Tel.: 403 16 51. Motoryacht: (10m lang) für 6 Personen, 500-600 Mark/Tag, 850–1000 Mark/Wochenende, 1 450–2 100 Mark/Woche, 1 000 bis 1 600 Mark/Miniwoche, für Selbstfahrer, je

nach Saison, Saison 1. April–31. Oktober.

Segelschule Hering, Bielefelder Straße 15, 10709 Berlin, Liegeplatz: »Am großen Fenster« bei Schwanenwerder, Tel.: 861 07 01. Motorboote (offene) für Selbstfahrer (6,5 m lang): 140 Mark für 3 Stunden, 250 Mark pro Tag, 590 Mark pro Wochenende, 450 Mark für eine Miniwoche, 790 Mark pro Woche, 890 Mark für 10 Tage, alles inklusive, 800 Mark Kaution, Wochenende Freitagmorgen bis Sonnabend.

Brigitte Weltin, Am Großen Wannsee 12 e, 14109 Berlin, Tel.: 805 15 33, Funktelefon 0171-368 41 72.
Motoryacht mit Skipper, nur Tagesfahrten, 5 Stunden: 120 Mark pro Person, 7 Stunden: 160 Mark pro Person, inklusive Speisen und Getränke, ganzjährig.

Helmut Jordan,
Goltzstraße 40, 10781 Berlin, Tel.: 216 47 28.
Motoryacht »Candia« (10 m lang/3 m breit) für bis zu 6 Personen bei Tagesfahrt, 4 Schlafplätze, ohne Skipper; Preisbeispiel für 3 Personen: Wochenende (Sonnabend/ Sonntag) 876 Mark, inklusive 15 Motorbetriebsstunden oder: 2 Personen für 1 Woche, inklusive 35 Motorbetriebs- stunden, 2 252 Mark, Rabatte nach Absprache möglich, Führerschein erforderlich, ganzjährig.

Yachtcharter Stralau,
Tunnelstraße 41–42, 10245 Berlin, Tel.: 291 93 45 oder 394 30 69.
Motoryacht »Proficiat« (10 m lang/3,20 m breit) mit 5 festen Kojen und 2mal Dinette, ohne Skipper; 724,50 bis 1569,75 Mark/Wochenende, 724,50 bis 1569,75 Mark/Miniwoche, 1207,50 bis 2415 Mark/ Woche, Führerschein erfor- derlich, Saison April–Oktober

Elektromotorboote (auch mit Hybridantrieb)

Segelschule Braun,
im Wassersportzentrum Müggelspree, Müggelseedamm 42–70, 12587 Berlin, Tel.: 641 80-250 oder Funk 01 72-651 29 77.
Elektromotorboote für bis zu 8 Personen: 35 Mark pro Stunde, bei längerer Ausleihe Rabatt möglich, Kaution 400 Mark, Berliner brauchen Motorbootführerschein! Öffnungszeiten: täglich 9–18 Uhr bis Ende Oktober.

Solarboote

MSK – Metallbau- und Solarkatamaran GmbH,
Solarpavillon Wendenschloß, Möllhausenufer 30, 12 557 Berlin, Tel.: 658 86 01-11/12 oder Funk 01 72-31 54 768.
Solarboote für bis zu 2 Personen: Montag–Freitag 15 Mark pro Stunde, 90 Mark pro Tag, Wochenende und Feiertag

25 Mark pro Stunde, 150 Mark pro Tag, Selbstfahrer, Solarboote für 6–8 Personen: Montag–Freitag 50 Mark pro Stunde, 250 Mark pro Tag, Wochenende und Feiertag 70 Mark pro Stunde, 380 Mark pro Tag. Öffnungszeiten:

Vorsaison (28. März–7. Mai) und Nachsaison (18. August– 5. Oktober) Montag-Freitag 11–18 Uhr, Sonnabend, Sonntag und Feiertage: 10–19 Uhr, Hauptsaison 8. Mai–17. August täglich 10–21 Uhr.

Tretboote

Borchardt, Bootsverleih-Tegelort an der Oberhavel, Friederikestraße 21, 13505 Berlin, Tel.: 431 16 98. Tretboote für bis zu 2 Personen: 12 Mark pro Stunde, für 3 und 4 Personen: 15 Mark pro Stunde. Öffnungszeiten: 9–13 Uhr, 15–19 Uhr, Saison bis Ende Oktober.

Wolfgang Düring, Nordufer 23, Ecke Seestraße, Plötzensee, Tel.: 452 40 21. Tretboote für bis zu 4 Personen: 12 Mark pro Stunde, für 5 Personen: 15 Mark pro Stunde; Öffnungszeiten: täglich 10–22 Uhr, ganzjährig, 20 Mark Kaution pro Boot.

Boots-Charter Lüders, Strandbad Wannsee, eigener Eingang links, 14129 Berlin, Tel.: 803 45 90. Tretboote für bis zu 4 Personen: 20 Mark pro Stunde, ab 3 Stunden 16 Mark pro Stunde; Öffnungszeiten: täglich 9–20 Uhr, bis Ende Oktober.

Stiebeler, Straße am Schildhorn 1, 14193 Berlin, an der Havelchaussee, Tel.: 30 40 304. Tretboote für bis zu 4 Personen: 20 Mark pro Stunde, täglich 10–20 Uhr bis Ende Oktober.

Bootsverleih W. Thomas, Barschelplatz, 13 505 Berlin, Tel.: 431 11 71. Tretboote für bis zu 2 Personen: 10 Mark pro Stunde, für bis zu 4 Personen: 15 Mark pro Stunde, Öffnungszeiten: Sonnabend und Sonntag 10–19 Uhr und nach Vereinbarung während der Woche bis Ende Oktober.

Benno Doering, Lindenstraße 1a, 12555 Berlin, Köpenick an der Dammbrücke, Tel. (Funk): 0177-303 96 18. Tretboote: Montag–Freitag für bis zu 3 Personen: 12 Mark pro Stunde, für bis zu 4 Personen: 16 Mark pro Stunde, Wochenende und Feiertag: 15 bzw. 20 Mark pro Stunde. Montag-Freitag bei 3 Stunden Mietzeit eine weitere Stunde kostenlos. Geöffnet werktags 10–19 Uhr, Wochenende und Feiertage 10–20 Uhr, Saison: bis Ende September.

Neumeyer,
Strandpromenade 7,
15569 Woltersdorf, Flakensee an der Woltersdorfer Schleuse, Straßenbahn bis Rahnsdorf möglich,
Tel.: 033 62-50 00 16.
Tretboote bis zu 4 Personen: 15 Mark pro Stunde, geöffnet täglich von 10 bis 20 Uhr bis Ende September, Gruppenrabatte möglich.

M. Mühl,
Greenwichpromenade am

Tegeler See, an der Tegeler Hafenbrücke, 13507 Berlin
Tel.: 433 76 90. Tretboote für bis zu 2 Personen: 15 Mark/Stunde, für bis zu 4 Personen: 20 Mark pro Stunde oder 100 Mark pro Tag; Öffnungszeiten: täglich 7–20 Uhr bis Ende Oktober.

Wolfram Ludwig,
am Restaurant »Strandbaude« in Kladow, verlängerte Uferpromenade,
Tel.: 365 44 62.
Tretboote für 1 Person: 10 Mark pro Stunde, 2 Personen: 15 Mark pro Stunde, Öffnungszeiten: Mittwoch bis Sonntag 8–21 Uhr, bis Ende Oktober.

Wasserräder

Stiebeler,
Straße am Schildhorn 1,
14193 Berlin,
an der Havelchaussee,
Tel.: 30 40 304.

Wasserräder für bis zu 4 Personen: 20 Mark pro Stunde, täglich 10–20 Uhr bis Ende Oktober.

Kajaks, Canadier und Faltboote (Paddelboote und Kanus)

Stiebeler,
Straße am Schildhorn 1,
14193 Berlin, an der Havelchaussee,
Tel.: 30 40 304.
Paddelboote für 2 Personen: 36 Mark für 4,5 Stunden, täglich 10–20 Uhr bis Ende Oktober.

Borchardt, Bootsverleih-Tegelort an der Oberhavel, Friederikestraße 21,
13 505 Berlin, Tel.: 431 16 98. Kanus für bis zu 3 Personen: 10 Mark pro Stunde, Öffnungszeiten: 9–13 Uhr, 15–19 Uhr, Saison: bis Ende Oktober.

»fun-mobile und speed sail«,
Siegfriedstraße, Ecke
Fanningerstraße (Lichtenberg),
10365 Berlin, Tel.: 557 81 73.
Kanus für 2 Personen: 29 Mark
pro Tag, für 3 Personen: 37
Mark pro Tag,
Faltboote für 2 Personen:
29 Mark pro Tag, zum Selbstab-
holen und -transportieren.

Neumeyer,
Strandpromenade 7, 15 569
Woltersdorf, Flakensee an der
Woltersdorfer Schleuse,
Straßenbahn bis Rahnsdorf
möglich,
Tel.: 033 62-50 00 16.
Canadier für bis zu 3 Personen:
20 Mark für 2 Stunden, jede
weitere Stunde 5 Mark,
55 Mark pro Tag, Paddelboote
für 2 Personen: 18 Mark für
2 Stunden, jede weitere Stunde
5 Mark, 50 Mark pro Tag, für
Mehrtagestouren 35 Mark pro
Tag, geöffnet täglich von 10 bis
20 Uhr bis Ende September,
Gruppenrabatte möglich.

Boots-Charter Lüders,
Strandbad Wannsee, eigener
Eingang links, 14129 Berlin,
Tel.: 803 45 90.
Paddelboote für 2 Personen:
12 Mark pro Stunde;
Öffnungszeiten: täglich
9–20 Uhr bis Ende Oktober.

**Kajak-Tours Frank Meyer-
Güldner,** Flurweg 9, 12357
Berlin, (Rudow, am
Teltowkanal), Tel.: 661 19 59,
bitte telefonisch bis 21 Uhr
anmelden.

Kajaks und Canadier tageweise
in der Woche: Einerkajaks:
35 Mark pro Tag, Zweierkajak:
45 Mark pro Tag,
Kinderkajak 30 Mark pro Tag,
Rabatt bei Verlängerunstagen,
Zweier- und Dreiercanadier:
45 Mark pro Tag,
Vierercanadier: 60 Mark pro
Tag, Abholung täglich
7–22 Uhr nach telefonischer
Vereinbarung, ganzjähriger
Verleih.

Bootsverleih W. Thomas,
Barschelplatz, 13505 Berlin,
Tel.: 431 11 71.
Paddelboote für 2 Personen:
10 Mark pro Stunde.
Öffnungszeiten: Sonnabend
und Sonntag 10–19 Uhr und
nach Vereinbarung während
der Woche – bis Ende Oktober.

Benno Doering,
Lindenstraße 1a,
12555 Berlin, Köpenick an der
Dammbrücke,
Tel.: Funk 0177-303 96 18.
Paddelboote: Montag–Freitag:
für 1 Person 6 Mark pro
Stunde, für 2 Personen 8 Mark
pro Stunde; Wochenende und
Feiertag: 8, bzw. 10 Mark pro
Stunde; Montag–Freitag bei
3 Stunden Mietzeit eine
weitere Stunde kostenlos.
Geöffnet werktags von
10–19 Uhr, Wochenende und
Feiertag 10–20 Uhr, Saison bis
Ende September.

Kanu Connection GmbH,
Laden: Köpenicker Straße 9,
10997 Berlin, Tel.: 612 26 86.

Kajaks K1: 25 Mark für 4 Stunden, 40 Mark pro Tag, 90 Mark für ein Wochenende, 180 Mark pro Woche, Folgewoche 90 Mark,
K2: 30 Mark für 4 Stunden, 60 Mark pro Tag, 120 Mark für ein Wochenende, 240 Mark pro Woche, Folgewoche 120 Mark, Canadier (bis zu 4 Personen): 40 Mark für 4 Stunden, 60 Mark pro Tag, 120 Mark für ein Wochenende, 240 Mark pro Woche, Folgewoche 120 Mark, ganzjähriger Verleih ab Laden für Selbsttransport.

Nordlicht Tour und Kanu GmbH, Laden: Gneisenaustraße 19, 10961 Berlin, Tel.: 691 80 71. Kajak K1: 50 Mark pro Tag 90 Mark für 2 Tage, 115 Mark für 3 Tage, 165 Mark für 7 Tage, Kajak K2: 60 Mark pro Tag, 110 Mark für 2 Tage, 145 Mark für 3 Tage, 215 Mark für 7 Tage, gleiche Preise gelten für Canadier C2: Canadier C3: 70 Mark pro Tag, 125Mark für 2 Tage, 165 Mark für 3 Tage, 245 Mark für 7 Tage, 4er 80 Mark pro Tag, 140 Mark für 2 Tage, 185 Mark für 3 Tage, 275 Mark für 7 Tage; Öffnungs-

zeiten: Montag–Freitag 10–18 Uhr, ganzjähriger Verleih, Nebensaisonpreise niedriger.

Der Bootsladen, Sauer, Brandensteinweg 8 (Spandau, an der Heerstraße), 13595 Berlin, Tel.: 362 56 85. Kajaks K1: 10 Mark pro Stunde, 35 Mark pro Tag, 140 Mark pro Woche, K2: 12 Mark pro Stunde, 50 Mark pro Tag, 200 Mark pro Woche, Canadier für 2–4 Personen: gleiche Preise wie für K2 Kajak, Öffnungszeiten: Dienstag-Freitag 12–18 Uhr, Sonnabend und Sonntag 9–18 Uhr, ganzjähriger Verleih.

»Der Aussteiger«, Mario Bornschein, Schliemannstraße 46, 10 437 Berlin (Prenzlauer Berg), Tel.: 441 04 14. Kajaks K2: 40 Mark pro Tag, 70 Mark für 2 Tage, 100 Mark für ein Wochenende, 200 Mark für 1 Woche, Folgewoche halber Preis, Canadier (C3): gleiche Preise wie K2; Öffnungszeiten: Montag–Freitag 10–18.30 Uhr, langer Donnerstag bis 20.30 Uhr, Sonnabend 10–13 Uhr, für Selbstabholer und -transport, ganzjähriger Verleih.

Ruderboote

Borchardt, Bootsverleih-Tegelort an der Oberhavel, Friederikestraße 21, 13505 Berlin,

Tel.: 431 16 98. Ruderboote für bis zu 3 Personen: 10 Mark pro Stunde, Öffnungszeiten: 9–13 Uhr,

15–19 Uhr, Saison: bis Ende Oktober, Führerschein erforderlich.

Neumeyer,

Strandpromenade 7, 15569 Woltersdorf, Flakensee an der Woltersdorfer Schleuse, Straßenbahn bis Rahnsdorf möglich, Tel.: 033 62-50 00 16. Ruderboote für bis zu 4 Personen: 10 Mark pro Stunde, 70 Mark pro Tag, geöffnet täglich von 10 bis 20 Uhr bis Ende September, Gruppenrabatte möglich.

Wolfgang Düring,

Nordufer 23, Ecke Seestraße, Plötzensee, Tel.: 452 40 21. Ruderboote für bis zu 3 Personen: 10 Mark pro Stunde, Öffnungszeiten: täglich 10–22 Uhr, ganzjährig, 20 Mark Kaution pro Boot muß hinterlegt werden.

Boots-Charter Lüders,

Strandbad Wannsee, eigener Eingang links, 14129 Berlin, Tel.: 803 45 0. Ruderboote für bis zu 2 Personen: 12 Mark pro Stunde, für bis zu 4 Personen: 16 Mark pro Stunde. Öffnungszeiten: täglich 9–20 Uhr, bis Ende Oktober.

Benno Doering,

Lindenstraße 1a, 12555 Berlin, Köpenick an der Dammbrücke, Tel. (Funk): 0177-303 96 18. Ruderboote: Montag–Freitag:

für bis zu 3 Personen 8 Mark pro Stunde, für bis zu 4 Personen 10 Mark pro Stunde, Wochenende und Feiertag: 10 bzw. 12 Mark pro Stunde. Montag–Freitag bei 3 Stunden Mietzeit eine weitere Stunde kostenlos. Geöffnet wertags 10–19 Uhr, Wochenende und Feiertag 10–20 Uhr, Saison: bis Ende September.

Bootsverleih W. Thomas,

Barschelplatz, 13 505 Berlin, Tel.: 431 11 71. Ruderboote bis 4 Personen: 10 Mark pro Stunde; Öffnungszeiten: Sonnabend und Sonntag 10–19 Uhr und nach Vereinbarung während der Woche – bis Ende Oktober.

M. Mühl,

Greenwichpromenade am Tegeler See, 13507 Berlin, an der Tegeler Hafenbrücke, Tel.: 433 76 90. Ruderboote für bis zu 3 Personen: 8 Mark pro Stunde, für bis zu 4 Personen: 10 Mark pro Stunde oder 50 Mark pro Tag; Öffnungszeiten: täglich 7–20 Uhr bis Ende Oktober.

Wolfram Ludwig,

am Restaurant »Strandbaude« in Kladow, verlängerte Uferpromenade, Tel.: 365 44 62. Ruderboote für 1 Person: 8 Mark pro Stunde, 2 Personen: 12 Mark pro Stunde, 3 Personen: 16 Mark pro Stunde, 4 Personen: 20 Mark

pro Stunde, Öffnungszeiten:
Mittwoch bis Sonntag
8–21 Uhr – bis Ende Oktober.

Werner Hoppe,
Marinesteig 6A, 14129 Berlin
(am Schlachtensee),
Tel.: 803 73 04.

Ruderboote für bis zu 4
Personen: 12 Mark pro Stunde,
täglich von 10 Uhr bis
Sonnenuntergang, Saison:
1. April–31. Oktober.

Werften in Berlin

Mit dem eigenen Boot über die Flüsse und Seen schippern,
idyllische Ufer, Sonnenuntergänge und unendliche Seero-
senfelder genießen. Doch auch für den Fall der Fälle muß
der Seemann gewappnet sein. Sei es eine Havarie oder ein-
fach nur die Überholung des schwimmenden Untersatzes,
eine der vielen Berliner Werften kann helfen. Hier die **Adressen und Telefonnummern:**

**AZBS Ausbildungszentrum
Bootsbau-Schiffsbau GmbH,**
Wendenschloßstraße 350,
12557 Berlin, Tel.: 655 91 91
od. 6588 9477

BBG Bootsbau Berlin GmbH,
Müggelseedamm 42–70,
12587 Berlin, Tel.: 645 53 74

**Bootsbau Hansa-Werft
Geppert** (Stahlkaskos, Neubau,
Reparatur, Plätze),
Tunnelstraße 41/42,
10245 Berlin, Tel.: 291 91 14

Bootssattlerei bzw.
Autosattlerei **Michael Meier,**
Charlottenstraße 17,
12557 Berlin, Tel.: 651 69 60

Bootssattlerei Schütz,
Schillerstraße 10,
15732 Berlin, Tel.: 675 88 03

Bootswerft Schwarz,
Wernsdorfer Straße 25,
12527 Berlin, Tel.: 675 83 02

**Bootswerft & Shop Frank
Besmer,** vereidigter
Bootssachverständiger,
Wernsdorfer Straße 26 a,
12527 Berlin, Tel.: 675 80 32

Bootswerft Sturzbecher,
Triglawstraße 58, 12589 Berlin,
Tel.: 648 90 71

Brodersen-Bootswerft,
Späthstraße 41 a, 12359 Berlin,
Tel.: 601 05 78

Deltasphere GmbH,
Wendenschloßstraße 408,
12557 Berlin, Tel.: 651 73 82

**Segelmacherei Helmut
Friedel,** Fehrbelliner Straße 29,
13585 Berlin-Spandau,
Tel.: 375 46 05

Bootswerft Horst Göhr,
Kronprinzessinnenweg 21,
14129 Berlin, Tel.: 803 63 63

Haase-Werft
(Bootswerft, Stände),
Götelstraße 86,
13595 Berlin-Spandau,
Tel.: 361 63 80

Bootswerft Heinrich,
Regattastraße 51–53,
12527 Berlin, Tel.: 674 79 52

Hoffmann-Werft GmbH,
Wendenschloßstraße 294,
12557 Berlin, Tel.: 655 96 98

**Bootsbau-Service Jürgen
Kneiding,** Pfalzgrafenweg 17,
12623 Berlin-Mahlsdorf,
Tel.: 566 22 75

**Peter Krüger Yachtwerft
GmbH** (Spezialwerft für
Holzbootbau),
Sandhauser Straße 129–143,
13503 Berlin, Tel.: 431 21 81

Segelmacherei Günter Krüger,
Altenescher Weg 34,
10407 Berlin, Tel.: 423 40 94

Lanke-Werft,
Scharfe Lanke 109–131,
13595 Berlin,
Tel.: 362 00 90

Bootswerft »Nixe«,
Königstraße 4 b,
14109 Berlin-Wannsee,
Tel.: 805 10 83

Pedro-Boat GmbH Berlin,
Fährallee 35,
12527 Berlin-Schmöckwitz,
Tel.: 675 80 56

**Friedrich Pirsch Bootswerft
GmbH,**
Scharfe Lanke 109,
13595 Berlin, Tel.: 361 90 39

**Plastic Manufacture Wulf
Werner** (Kunststoff Karosserie
Yachtbau),
Havelschanze 9–13,
13587 Berlin, Tel.: 335 15 63

Klaus Rittmann (Büro),
Alt-Heiligensee 110,
13503 Berlin, Tel.: 431 40 77

Horst Ruhs Bootswerft,
Am Großen Wannsee 10,
14109 Berlin, Tel.: 805 23 07

Bootswerft Lothar Saße,
Wendenschloßstraße 76 d,
12559 Berlin, Tel.: 654 62 08

Schloßwerft Köpenick GbR,
Gartenstraße 38, 12557 Berlin,
Tel.: 651 66 49

Bootswerft Horst Schreiber,
Müggelseedamm 208,
12587 Berlin, Tel.: 645 56 45

Söhnel-Werft (Kanadier und
Bootsstände),
Neue Kreisstraße 50,
14109 Berlin-Kohlhasenbrück,
Tel.: 805 38 05

Bootswerft Tschirner,
Brassenpfad 53, 12557 Berlin,
Tel.: 651 50 99

Bootsbau Welkisch GmbH,
Am Pichelssee 50, 13595
Berlin, Tel.: 361 41 49

WBG Werft Berlin GmbH,
Wendenschloßstraße 366,
12557 Berlin, Tel.: 658 89 0

Yacht Berlin GmbH,
Wendenschloßstraße 306,
12557 Berlin, Tel.: 65 89 40

Alle Fähren in Berlin

Auf Berlins Wasserstraßen befördern sechs Fährlinien. Der Service der Berliner Verkehrsbetriebe (BVG) kann mit einem Fahrschein für 3,70 bis 2,50 Mark oder einer Umweltkarte in Anspruch genommen werden. Betreiber ist die Stern- und Kreisschiffahrt GmbH.

- Die Linie **F 10** führt vom **S-Bahnhof Wannsee nach Alt-Kladow**. Schon seit dem Zweiten Weltkrieg fahren die MS Kohlhase und MS Lichterfelde. Die halbstündige Überfahrt kostet 3,70 Mark. Ganzjähriger Betrieb.
- Die älteste Fährlinie ist die **F 11 zwischen Oberschöneweide/Wilhelmstrand und Baumschulenstraße**. Sie wurde 1896 anläßlich der Weltausstellung in Berlin in Betrieb genommen. Ganzjähriger Betrieb.
- Nur zwei Minuten dauert die Überfahrt mit der **F 12** von **Wendenschloß/Müggelbergallee nach Grünau/Wassersportallee**. Ganzjähriger Betrieb.
- Die **F 21** ist im Sommer die einzige Möglichkeit, zum **Campingplatz Große Krampe** zu gelangen. Die Linie verkehrt **zwischen Schmöckwitz, Zum Seeblick, Krampenburg und Große Krampe**. Betrieb von April bis September.
- Die Linie **F 23** befördert **zwischen Rahnsdorf/Müggelwerderweg, Müggelhort und Neu-Helgoland**. Betrieb von April bis September.
- Per Hand gerudert wird die **kleinste Fähre Berlins**. Die **F 24**

setzt ihre Gäste die 36 Meter **zwischen den Spree-
wiesen/Müggelheim und der Kruggasse in Rahnsdorf**
über. Betrieb von April bis September.

Berliner Schleusen und ihre Betriebszeiten

Wie Herzklappen regulieren sieben Schleusen den Wasser-
lauf der Berliner Gewässer. Die »Wasserfahrstühle« ermöglichen dem Güterverkehr, Fahrgastschiffen und Wassersportlern das Passieren der Wasserstufen. Dank der Schleusen
kann in Spree und Havel eine konstante Wassertiefe gehalten werden.

Veteran unter den Schleusen ist die **Charlottenburger
Schleuse** von 1884 an der Einmündung des Westhafenka-
nals in die Spree. Das Industriedenkmal besitzt zwei Kammern mit einer Länge von 82 und 65,5 Metern und einer
Breite von jeweils zehn Metern. Jährlich werden dort etwa
vier Millionen Gütertonnen geschleust, das entspricht etwa
37 500 Motorgüterschiffen.

Schleusenzeiten: 1. Mai bis 30. September: Mo.–Sbd. 6–20
Uhr, So. 7–19 Uhr. 1. Oktober bis 30. April: Mo.–Sbd. 6–20
Uhr, So. 7–19 Uhr.

Die 1912 erbaute **Schleuse Plötzensee** am Berliner-Span-
dauer-Schiffahrtskanal besitzt zwei Kammern mit jeweils
67 Metern Länge und 10 Metern Breite. Dort werden jährlich
etwa zwei Millionen Gütertonnen geschleust, das entspricht
30 500 Fahrzeugen.

Schleusenzeiten: 1 Mai bis 30. September: Mo.–Sbd. 6–24
Uhr, So. 7–22 Uhr, 1. Oktober bis 30. April Mo.-Sbd. 6–20
Uhr, So. 7–19 Uhr.

An der Einmündung des Landwehrkanals in die Spree in
Kreuzberg liegen die **Oberschleuse** von 1939 und die **Unter-**

schleuse von 1941 am Zoologischen Garten. Mit jeweils einer Kammer ausgestattet, haben sie eine Länge von 70 bzw. 60 Metern bei 8,5 Metern Breite.

Durch beide Schleusen schiffen jährlich jeweils etwa 7000 Fahrzeuge.

Schleusenzeiten: 1. Mai bis 30. September Mo–Sbd. 7–4 Uhr, So. 8–24 Uhr, 1. Oktober bis 30. April Mo.-Sbd. 8–18 Uhr, So. 8–16 Uhr.

Die 1940 erbaute **Mühlendammschleuse** an der innerstädtischen Spree wurde 1994/95 instandgesetzt. Sie hat zwei Kammern mit einer Länge von 140 Metern und einer Breite von 12 Metern. Sie ist mit einem zentralen Steuerstand ausgestattet und die modernste Schleuse im Berliner Stadtgebiet. Jährlich werden dort zwei Millionen Gütertonnen (etwa 31 800 Fahrzeuge) geschleust.

Die **Spandauer Schleuse** an der Havel von 1911 ist seit 1993 *außer Betrieb*. Seitdem ist die wichtige Schiffspassage in der Havel-Oder-Wasserstraße blockiert. Ein Schleusenneubau mit einer Kammerlänge von 115 Metern ist derzeit in der Planung. Der Baubeginn ist für Ende 1996 geplant, die voraussichtliche Bauzeit soll drei Jahre betragen.

Auch die im Spreekanal liegende **Sportschleuse** von 1937 ist wegen ihres schlechten baulichen Zustandes *gesperrt.*

Bootstankstellen, Bunkerstationen

Bootstankstellen sind strengen Umweltschutz-Auflagen unterworfen. Da die Planung der Tankstellen-Infrastruktur noch nicht abgeschlossen ist, können Adressen hinzukommen, andere wegfallen.

Zur Zeit bieten folgende Tankstellen und Bunkerstationen ihren Dienst an – hier geordnet nach Wassersportrevieren:

Spree-Oder-Wasserstraße:
km 23,9 – Ortslage Stralau/
Rummelsburger See:
Diesel, montags bis freitags,
6 bis 15 Uhr.

km 43,3 – Ortslage Schmöck-
witz/ Langer See: Diesel,
Benzin und Super verbleit,
Bootsshop, montags bis freitags,
13 bis 18 Uhr, sonnabends und
sonntags von 10 bis 18 Uhr.

Havel-Oder-Wasserstraße:
km 4,4 – Ortslage Tegelort: alle
Kraftfahrstoffarten, Wasser und
Bootszubehör.

Untere Havel-Wasserstraße:
km 1,1 – Ortslage Spandau:
Diesel, Wasser, Propangas,
Camping-GAZ, Bootszubehör,
montags bis freitags von 7.30
bis 16 Uhr, sonnabends von
8 bis 12 Uhr, sonntags
geschlossen.

km 2,1 – Ortslage Spandau:
Diesel, Wasser und Propangas,
montags bis freitags von 7.30
bis 16.30 Uhr.

km 4,3 – Ortslage Gatow,
Bootstankstelle der Marina
Lanke Werft: alle Kraftstoffarten,
Wasser, Motorservice, Bootszu-
behör, täglich von 10 bis 20 Uhr.

Potsdamer Havel:
km 23,8 – Ortslage Potsdam
Bootstankstelle am Klewitt:
Diesel, Super bleifrei,
Motorenservice, montags bis
freitags von 10 bis 18 Uhr,
sonnabends und sonntags von
8 bis 18 Uhr.

km 26,5 – Ortslage Potsdam
am Anleger der Weißen Flotte,
Diesel, Wasser, montags bis
freitags von 10 bis 18 Uhr,
sonnabends von 9 bis 12,
sonntags von 15 bis 18 Uhr.

Die Wasser- und Schiffahrtsdirektion

Für allgemeine Fragen zu den Bundeswasserstraßen in Berlin und Brandenburg ist die Wasser- und Schiffahrtsdirektion
(WSD) Ost zuständig: Werderscher Markt, 10117 Berlin, Telefon 203 83 50-0.
Zuständig für die Bundeswasserstraßen nur in Berlin: Was-
ser- und Schiffahrtsamt Berlin, Poststraße 21/22, 10178 Berlin, Telefon: 2979-0.
Zuständig nur für Bundeswasserstraßen Brandenburg: Was-
ser- und Schiffahrtsamt, Beetzseeufer 3, 14770 Brandenburg, Telefon: 03381/266-0.

Literaturempfehlungen

In Fachgeschäften und Buchhandlungen finden Sie mittlerweile doch einige Bücher zum Thema Wassersport in und um Berlin. Basiswerke sollte jeder Skipper und Wassersportler kennen oder sogar mitführen. **Unsere Tips:**
Binnenschiffahrtsstraßen-Ordnung – die Signaltafeln. Mehrere Verlage geben diese Tafeln regelmäßig heraus. Unter anderem bietet die Edition Maritim eine gute Übersicht, die alle Tag- und Nachtsignale, Sicht- und Schallsignale für Berufs- und Sportschiffahrt in Text und Schaubildern darstellt. Aus der großen Anzahl lohnender **Wasserwander-Atlanten** und Nachschlagwerke haben wir eine Auswahl zusammengestellt:

Jürgen Straßburger, **»Gewässer in und um Berlin,** Potsdam bis Müggelsee, mit Havel, Spree und Kanälen«, Edition Maritim, 1995, 24,80 DM. Das Buch im Westentaschenformat enthält Tips mit Daten und Adressen für Wassersport in und um Berlin sowie eine Übersichts-Wasserkarte.

»Nagel's Nautic Verlag« gibt einen exzellenten Revier- und Törnführer über Berlin und Umgebung heraus (ISBN 3-9520587-2-6), Preis: 49,80 DM, Vertrieb über Buchhandlungen und über Henry Nagel, Rümikoner Straße 134, CH-8439 Wislikofen, Schweiz. Aktualisierte Tiefenlinien, Untiefen, Tonnen, Einfahrtzeichen machen die 84 Kartenblätter wohl zu den genauesten auf dem Markt. Schade ist, daß der Adressenteil bisher nicht aktualisiert wurde.

Im selben Verlag wird die **»Wasserstraßenkarte Ost – Deutschland binnen«** herausgegeben (29,80 DM). Dies ist eine Wasserstraßenkarte im Maßstab 1:500 000 mit einer Übersichtskarte von Berlin und seiner Umgebung, 19 Tabellen mit Daten über die Wasserstraßen zwischen Oder und Elbe.

Wunderschön ist **»Berlin – ein Seglertraum«** von Peter Baumann, Quadriga-Verlag Severin, 1985 (ISBN 3-88679-135-1). Ein zwar überholter, aber prachtvoller Bildband mit Geschichten zum Berliner Segelsport und zur Segeltradition an der Havel.

Wasserwandertouren im Paddel-, Ruder- oder Segelboot durch die brandenburgischen Gewässer stellt Dieter Salzmann als Herausgeber in dem Band **»Freizeit in Brandenburg – 77 Touren über Land, auf dem Wasser, in der Luft«** (Trescher-Verlag) vor. Hier finden Sie Adressen von Bootsverleihern und Unterkünften, Kartenmaterial und Tourbeschreibungen.

Unterschätzt werden immer wieder Schwierigkeiten, die sich ohne jede Kenntnis von Wetterkunde auch auf Binnengewässern ergeben. Unser Tip ist das Werk von Walter Stein und Harald Schulz: **»Wetterkunde für Segler und Motorbootfahrer«,** erschienen bei Delius-Klasing.

Viele Tips, auf welchen Wegen es sich lohnt, das Wasser zu verlassen, gibt Günther Bellmann: **»Märkische Dichterwege – eine Erlebnisreise durch brandenburgische Poesie und Prosa«** führt Wasserwanderer an die schönsten Orte der Kultur im Dichterland Brandenburg. Das Buch der Berliner Morgenpost ist 1995 im Ullstein-Verlag, Berlin erschienen.

»Berlin auf allen Meeren« heißt ein attraktiv und sehr aufwendig gemachter Kunstdruck-Bildband des Brandenburgischen Verlagshauses, in dem der Autor, Hans-Georg Rammelt, Schiffe aus drei Jahrhunderten zeigt. Maße, Gewichte, Quer- und Längsschnitte von mehr als 80 Schiffen, die in dieser Zeit den Namen der »Seestadt« Berlin am Bug führten, werden erläutert, wunderschöne, teilweise ausgesprochene Sammlerfotos verführen zum Schmökern.

Geschichte, die mehr als Geschichten erzählt und die verstehen läßt, welche Bedeutung die Gewässer für Gründung und Wachstum Berlins an den Ufern von Spree und Havel haben und immer hatten, stellt Werner Natzschka dar. **»Berlin und seine Wasserstraßen«** heißt sein 1971 bei der Union GmbH in Berlin 61 gedrucktes Buch (ISBN 3 428 02374 9). 244 Seiten beinhalten Geschichte, Projekte, Schilderungen über die Hafenstadt Berlin, Reinhaltung der Wasserstraßen,

landschaftliche Eingliederung, Personenschiffahrt, die Wasser-
sportstadt, Gesetze, Literaturverzeichnis und ein Register.
Wer sich lieber optisch einstimmt, für den sind die Video-
kassetten von Peter Fischer und Ferdinand Teubner unver-
zichtbar. »**Berlin per Boot**« heißen die fünf VHS-Farb-Video-
kassetten, die nicht nur Berlin, sondern auch die Mark
Brandenburg und Mecklenburg vorstellen. Das komplette
Set kostet 139,80 DM, vom Erlös jeder Kassette fließen 2 DM
in den Umweltschutz.

Vom Wasser gesehen, stellt sich das Berliner Stadtgefüge
als Stein, Glas, Chrom und Marmor gewordenes Lebensgefühl dar: Eine sechste **Video**produktion des renommierten
Filmer-Duos Fischer-Teubner über das »**Wasserkreuz Berlin**« (VHS, 60 Minuten) beschreibt dieses Lebensgefühl.
Der Film ist ein gültiges Zeitdokument des Landes zwischen
Elbe und Oder, seiner Landschaften und des Wasserkreuzes
mittendrin: Berlin!

Viel Spaß weiterhin – und viel Spaß auch beim Schmökern
in modernen Antiquariaten, wo Sie noch manches andere
wertvolle Buch finden werden!

Für die Autoren
Ihr

Norbert Gisder

KAPITEL 12

Berlin vom Wasser:
Nicht nur für Eliten ...

Dieses Buch zeigt: Berlin liegt im Zentrum eines Wasser-kreuzes von internationalem Rang. 10.000 Seen, Flüsse, eiszeitliche Fließe, Kanäle finden sich in Berlin und Bran-denburg. Vom Müggelsee im Südosten Berlins oder von Pots-dams Gewässern im Südwesten, quer durch die City der Hauptstadt kann der Skipper den Wasserstraßen folgen. Die Müritz im Nordwesten ist von Berlin aus in zwei bis drei Tagen zu erreichen, die Ostsee in vier.

Das ist einmalig: nicht etwa vor den Toren der Hauptstadt, nein, direkt mittendrin – sozusagen in der guten Stube Ber-lins – beginnt ein Wasserparadies, das uns einen Freizeit-wert beschert, von dem andere Regionen träumen.

Biber, Eisvögel, Störche, Nachtigallen, Pirole und sogar See- und Fischadler haben ihre Reviere nur wenige Wasserwan-derstunden von der Großstadt-City entfernt, und gerade das sollte uns nachdenklich stimmen: Seit dem Scheitern des Bürgerbegehrens gegen den Ausbau der Unterhavel und der Wasserstraßen um Potsdam sprechen viele Menschen nicht mehr sehr respektvoll vom Engagement der Politiker für den Schutz der Natur und die Pflege der einmaligen Kultur-landschaft am Wasser. Ihre Sichtachsen werden belächelt ...

Dabei sollte es nachdenklich stimmen, wenn sogar die UNESCO in der brandenburgischen Hauptstadt Potsdam vorstellig wird und mahnt, das Weltkulturerbe zu schonen, das von »Experten«, die eher den Profit als die Hinterlas-senschaften unserer Altvorderen für unsere Kinder im Auge haben, leichtfertig der Zerstörung ausgeliefert wird.

Sportboote ohne Elektrizität – und somit ohne Licht an Bord – sollten vor Sonnenuntergang ihren Liegeplatz erreichen. Geraten sie doch in die Dunkelheit, sollte zumindest eine Taschenlampe griffbereit sein – mit der man in die eigenen Segel leuchten und andere Schiffe somit auf die eigene Position aufmerksam machen kann.

Brandenburg hat einen Wassersport-Entwicklungsplan und fördert systematisch den Tourismus. Das ist gut so. Berlin ist noch nicht so weit. Es wäre aber mehr als begrüßenswert, wenn sich das eines Tages ändern würde – es wäre notwendig!

Vielleicht kommen dann wirklich Wasserwanderer von Hamburg bis Basel auf eigenem Kiel in die Hauptstadt – und Berliner nehmen es endlich zur Kenntnis: Wasserfauna und -flora brauchen eine Lobby! Es ist eine ehrenvolle Aufgabe, sich dafür einzusetzen, daß wir mit unseren Ressourcen sorgsam umgehen.

Legenden zu den Karten

WRS = Wasserrettungsstation
A = Besetzung durch DLRG
A, B = Besetzung durch DLRG und ASB
A, C = Besetzung durch DLRG und DRK
B = Besetzung durch ASB
C = Besetzung durch DRK

1.	WRS-A, B	Sandhausen,	4 31 57 10
2.	WRS-A, B	Bürgerablage,	3 35 44 88
3.	WRS-A, B	Hakenfelde,	3 35 48 27
4.	WRS-A, B	Scharfenberger Enge,	4 33 63 96
5.	WRS-A, B	Forsthaus,	4 33 97 97
6.	WRS-A, B	Reiswerder,	4 32 50 05
7.	WRS-A, C	Stößensee,	3 61 66 18
8.	WRS-A, C	Postfenn,	3 04 36 26
9.	WRS-A, C	Schildhorn,	3 04 61 41
10.	WRS-A, C	Kuhhorn,	3 04 63 72
11.	WRS-C	Alt-Gatow,	————
12.	WRS-A	Grunewaldturm,	3 04 62 65
13.	WRS-A, C	Große Badewiese,	3 65 46 17
14.	WRS-A, C	Lieper Bucht,	8 03 59 44
15.	WRS-C	Breitenhorn,	3 65 49 38
16.	WRS-A	Radfahrerwiese,	8 03 50 57
17.	WRS-A, C	Großes Fenster,	8 03 72 78
18.	WRS-A	Wannsee II,	8 03 31 10
19.	WRS-A	Wannsee I,	8 05 14 22
20.	WRS-A	Heckeshom,	8 05 20 09
21.	WRS-A	Tiefehorn,	8 05 16 61
22.	WRS-A, C	Jagen 95,	8 05 13 09
23.	WRS-A, C	Jagen 97,	8 05 13 93
24.	WRS-A, C	Glienicker See,	3 65 40 95
25.	WRS-A, C	Teufelssee,	3 04 33 55
26	WRS-B	Kamerun,	645 89 27
27	WRS-A	Friedrichshagen,	645 50 24
28	WRS-B	Teppich,	645 89 01
29	WRS-B	Rahnsdorf,	659 88 62
30	WRS-B	Kl. Müggelsee,	659 8201
31	WRS-A	Schmetterlingshorst,	656 97 90
32	WRS-A	Bammelecke,	681 42 98
33	WRS-B	Große Krampe,	656 86 23
34	WRS-B	Seddinsee,	675 95 94
35	WRS-B	Schmöckwitz,	675 95 94
36	WRS-B	Zeuthener See,	675 84 11
37	WRS-B	Krossinsee,	675 88 87